2016年版

中検2級
試験問題

[第86・87・88回]
解答と解説

一般財団法人
日本中国語検定協会 編

白帝社

まえがき

　私たちの協会はこれまで各回の試験が終わるごとに級別に試験問題の「解答解説」を発行し，また年度ごとに3回の試験問題と解答解説を合訂した「年度版」を公表してきました。これらは検定試験受験者だけでなく，広く中国語学習者や中国語教育に携わる先生方からも，大きな歓迎を受けてきましたが，ただ主として予約による直接購入制であったため，入手しにくいので一般の書店でも購入できるようにしてほしいという声が多く受験者や学習者から寄せられていました。

　その要望に応えるため，各回版と年度版のうち，「年度版」の発行を2013年度実施分より中国語テキストや参考書の発行に長い歴史と実績を有する白帝社に委ねることにしました。「各回版」の方は速報性が求められ，試験終了後直ちに発行しなければならないという制約を有するため，なお当面はこれまでどおり協会が発行し，直接取り扱うこととします。

　本書の内容は，回ごとに出題委員会が作成する解答と解説に準じていますが，各回版刊行後に気づいた不備や，回ごとの解説の粗密や記述体裁の不統一を調整するとともに，問題ごとに出題のねらいや正解を導くための手順を詳しく示すなど，より学習しやすいものになるよう配慮しました。

　本書を丹念に読むことによって，自らの中国語学習における不十分なところを発見し，新しい学習方向を定めるのに役立つものと信じています。中国語学習者のみなさんが，受験準備のためだけでなく，自らの学力を確認するための目安として本書を有効に活用し，学習効果の向上を図られることを願っています。

2016年5月

一般財団法人　日本中国検定協会

本書について

　本書は，日本中国語検定協会が2015年度に実施した第86回（2015年6月），第87回（2015年11月），第88回（2016年3月）中国語検定試験の問題とそれに対する解答と解説を実施回ごとに分けて収め，リスニング問題の音声を付属CD-ROMに収録したものです。

問　題

・試験会場で配布される状態のものに，付属CD-ROMにある音声のトラック番号を ③ のように加えています。ただし，会場での受験上の注意を収録したトラック01，02，44は記していません。

解答と解説

・問題の最初に，出題の形式や狙いと細かい配点を示しています。
・4択式の解答は白抜き数字❶❷❸❹で，記述式の解答は太字で示しています。解説は問題ごとに　　内に示しています。
・長文問題の右側の数字は，5行ごとの行数を示しています。
・比較的難読と思われる語句にピンインをつけています。表記は原則として《現代汉语词典 第6版》に従い，一般的に軽声で読まれるものは軽声で示しています。"不""一"の声調は変調したものを示しています。
・理解の助けとなるよう，語釈を加えています。
・全体に日本語訳をつけています。
・解答の選択肢となっている語句に語釈をつけています。品詞や意味が複数ある場合は，解答となりうる可能性が比較的高いものを選んで記しています。
・品詞，術語の略称は次のとおりです。

名	名詞	動	動詞	形	形容詞
代	代詞	量	量詞（助数詞）	助動	助動詞
副	副詞	介	介詞（前置詞）	接	接続詞
助	助詞	擬	擬声語	数量	数量詞

　　　　㊛　成語　　　　　㊡　慣用句　　　　㊢　ことわざ

・音声のトラック番号は，04のように示し，繰り返しのものを割愛しています。

解答用紙見本

・巻末にマークシート式の解答用紙の見本（70％縮小）があります。記入欄を間違えないように，解答欄の並び方を確認しましょう。

付属 CD-ROM

・リスニング問題の音声が収録されています。会場での受験上の注意を収めたトラック01，02，44も収録されていますが，本書の「問題」部分にはトラック番号を記していません。
・音声はMP3形式で収録しており，パソコンで再生します。
・デジタルオーディオプレーヤーやスマートフォンに転送して再生することもできます。各機器とソフトに関する技術的なご質問は，各メーカーにお願いいたします。
・CDプレーヤー（MP3形式に対応するものを含む）をご利用の場合は，CDに収録したものにお取り替えしますので，付属CD-ROMを下記までお送りください。折り返しCDをお送りします。

　〒171-0014　東京都豊島区池袋2-65-1
　　白帝社　中検CD交換係

目　次

第 86 回（2015 年 6 月）
問　題
- リスニング ……………………………………………………… 2
- 筆　記 …………………………………………………………… 6

解答と解説
- リスニング ……………………………………………………… 14
- 筆　記 …………………………………………………………… 27

第 87 回（2015 年 11 月）
問　題
- リスニング ……………………………………………………… 48
- 筆　記 …………………………………………………………… 52

解答と解説
- リスニング ……………………………………………………… 60
- 筆　記 …………………………………………………………… 71

第 88 回（2016 年 3 月）
問　題
- リスニング ……………………………………………………… 90
- 筆　記 …………………………………………………………… 94

解答と解説
- リスニング ……………………………………………………… 102
- 筆　記 …………………………………………………………… 114

中国語検定試験について …………………………………………… 132

試験結果データ ……………………………………………………… 136

解答用紙見本

第86回
(2015年6月)

問 題
　リスニング ································· 2
　筆 記 ····································· 6
　　解答時間：計120分
　　配点：リスニング100点，筆記100点

解答と解説
　リスニング ································· 14
　筆 記 ····································· 27

リスニング （⇨解答と解説14頁）

03 **1** 1. (1)〜(5)のAの発話に対するBの問いの答えとして最も適当なものを，それぞれ①〜④の中から1つ選び，その番号を解答欄にマークしなさい。　　（25点）

04　(1)

　　　　① ② ③ ④

05　(2)

　　　　① ② ③ ④

06　(3)

　　　　① ② ③ ④

07　(4)

　　　　① ② ③ ④

08　(5)

　　　　① ② ③ ④

2. (6)〜(10)のＡとＢの対話を聞き，Ｂの発話に続くＡのことばとして最も適当なものを，それぞれ①〜④の中から１つ選び，その番号を解答欄にマークしなさい。

(25点)

(6)

① ② ③ ④

(7)

① ② ③ ④

(8)

① ② ③ ④

(9)

① ② ③ ④

(10)

① ② ③ ④

2 中国語を聞き，(1)～(10)の問いの答えとして最も適当なものを，それぞれ①～④の中から１つ選び，その番号を解答欄にマークしなさい。　　　　　　　　　　(50点)

メモ欄

(1)　①　　　　　②　　　　　③　　　　　④

(2)　①　　　　　②　　　　　③　　　　　④

(3)　①　　　　　②　　　　　③　　　　　④

(4)　①　　　　　②　　　　　③　　　　　④

(5)　①　　　　　②　　　　　③　　　　　④

メモ欄

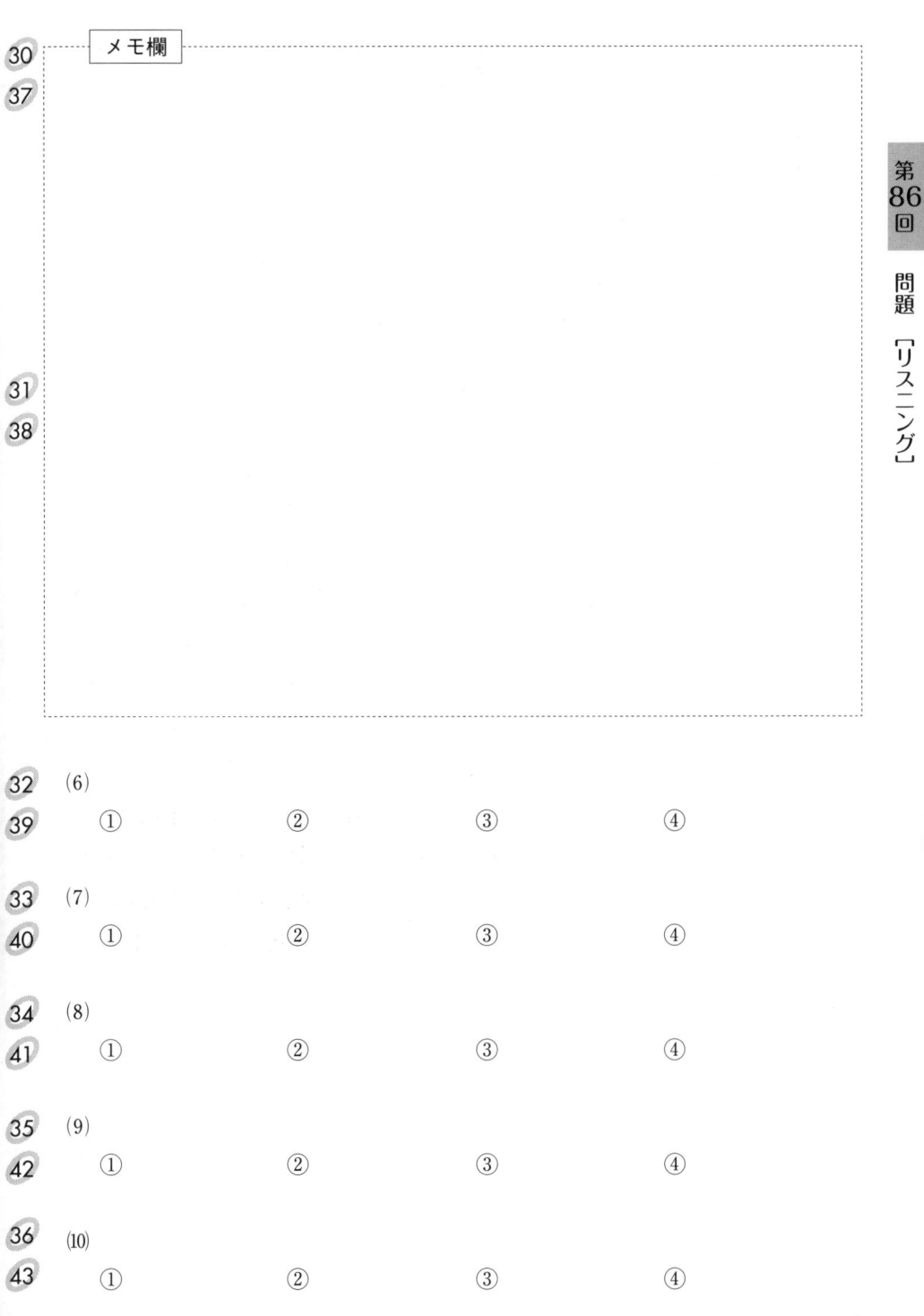

第86回 問題　[リスニング]

(6)
① ② ③ ④

(7)
① ② ③ ④

(8)
① ② ③ ④

(9)
① ② ③ ④

(10)
① ② ③ ④

筆 記 （⇨解答と解説27頁）

1. 次の文章を読み，(1)～(10)の問いの答えとして最も適当なものを，それぞれ①～④の中から1つ選び，その番号を解答欄にマークしなさい。　　　　　(20点)

　　随着电子产品的迅速普及和信息网络的日益发达，人们越来越不需要手写汉字，(1) 全民书写水平下滑。在中小学，为了升学考试，更是严重忽视与考试无关的书写技能。目前，中小学生汉字书写普遍出现"荒漠化"现象，具体表现为笔顺不分、书写潦草、卷面不整洁等。(2) 这种现象，有关专家呼吁对中小学生要加强汉字书写文化的教育，并建议设立"汉字书写日"。

　　使用电脑打字，正在取代拥有数千年传统的一笔一画的汉字书写，越来越多的人对于用笔书写汉字感到陌生 (3) 。你是否有过提笔忘字的尴尬呢？ (4) 是曾经无数次书写过的字， (4) 一时想不起来。

　　互联网时代，不仅仅上班族，现在的大学生 (5) 中小学生都习惯了使用笔记本电脑和智能手机。大学生张某说，她平时的作业都是交电子版或者打印版，很少有自己手写的。她觉得打字比较方便，而且更加(6)整洁。然而，过度地依赖键盘，汉字书写出现了令人担忧的问题。 (7) 提笔忘字，字迹潦草以外，错别字多 (7) 是现代人书写水平下降的表现。

　　汉字作为一种文字不仅具有交际功能，而且作为一 (8) 艺术还具有独特的视觉欣赏功能。中国书法被誉为"无言的诗，无行的舞，无图的画，无声的乐"。中国自古以来就有"字如其人"的说法。如今，一些受过高等教育的知识分子都错字连篇，实在与身份不符。为了 (9) 汉字书写的危机，设立"汉字书写日"是非常必要的。

6

(1) 空欄(1)を埋めるのに適当なものは，次のどれか。

① 指使　　　② 致使　　　③ 至于　　　④ 甚至

(2) 空欄(2)を埋めるのに適当なものは，次のどれか。

① 对应　　　② 随着　　　③ 相对　　　④ 针对

(3) 空欄(3)を埋めるのに適当なものは，次のどれか。

① 下来　　　② 下去　　　③ 上来　　　④ 起来

(4) 2か所の空欄(4)を埋めるのに適当なものは，次のどれか。

① 即使…也…　② 无论…都…　③ 除非…才…　④ 如果…就…

(5) 空欄(5)を埋めるのに適当なものは，次のどれか。

① 甚至　　　② 何况　　　③ 而且　　　④ 况且

(6) 下線部(6)の正しいピンイン表記は，次のどれか。

① zhèngjié　② zhèngjí　③ zhěngjié　④ zhěngjí

(7) 2か所の空欄(7)を埋めるのに適当なものは，次のどれか。

① 就算…也…　② 除了…也…　③ 不仅…而且…　④ 只有…才…

(8) 空欄(8)を埋めるのに適当なものは，次のどれか。

① 门　　　　② 件　　　　③ 部　　　　④ 品

(9) 空欄(9)を埋めるのに適当なものは，次のどれか。

① 难免　　　② 省得　　　③ 避免　　　④ 以免

(10) 本文の内容と一致するものは，次のどれか。

① 信息网络的发达给汉字的书写带来很多不方便。

② 现在学校规定中小学生写作业必须使用电脑。

③ 现在有很多上过大学的知识分子也经常写错字。

④ 提笔忘字的原因主要是汉字书写实在太难。

2 1. (1)～(5)の中国語①～④の中から，正しいものを1つ選び，その番号を解答欄に
マークしなさい。 (10点)

(1) ① 我晚点儿宁可回家，也要做完把这个工作。
    ② 我宁可晚点儿回家，也要把这个工作做完。
    ③ 我宁可回晚点儿家，也要把这个工作做完。
    ④ 我宁可晚点儿回家，也要做完把这个工作。

(2) ① 中国人让结婚称为之"终身大事"。
    ② 中国人把结婚称为之"终身大事"。
    ③ 中国人让结婚称之为"终身大事"。
    ④ 中国人把结婚称之为"终身大事"。

(3) ① 你再不赶快出发的话，非误了飞机不可。
    ② 你再不赶快出发的话，不可非误了飞机。
    ③ 你再不赶快出发的话，非飞机误了不可。
    ④ 你再不赶快出发的话，误了飞机非不可。

(4) ① 报告修改后，不但好了不少，而且不能让人比较满意。
    ② 报告修改后，虽然不少好了，但又不能让人十分满意。
    ③ 报告修改后，虽然好了不少，但还不能让人十分满意。
    ④ 报告修改后，尽管好了不少，也要不能让人十分满意。

(5) ① 男朋友两个星期没来看小红，她有点儿生气他的。
    ② 男朋友两个星期没来看小红，她有点儿生他的气。
    ③ 男朋友没来两个星期看小红，她有点儿生他的气。
    ④ 男朋友没来两个星期看小红，她有点儿生气他的。

2. (6)～(10)の中国語の下線を付した語句の意味として最も適当なものを，それぞれ①～④の中から1つ選び，その番号を解答欄にマークしなさい。　　　　　（10点）

(6) 在我看来，你根本不应该有那样的想法。
　① 究竟　　　② 完全　　　③ 竟然　　　④ 固然

(7) 小轿车停在门口，车门打开，一位标致的姑娘从车里出来。
　① 神气　　　② 年轻　　　③ 漂亮　　　④ 精神

(8) 对我来说，夜里一、两点钟睡觉简直就是家常便饭。
　① 方便的事　② 特殊的事　③ 极平常的事　④ 了不起的事

(9) 老字号，不仅仅是一个商业符号，更是一座城市文化记忆的一部分。
　① 有悠久历史的店铺
　② 老板年纪很大的商店
　③ 利润很大的商店
　④ 受顾客欢迎的商店

(10) 昨天的比赛，乙队不是甲队的对手，被打得落花流水。
　① 一无所有　② 一言难尽　③ 一败涂地　④ 一无是处

3 (1)～(10)の中国語の空欄を埋めるのに最も適当なものを，それぞれ①～④の中から1つ選び，その番号を解答欄にマークしなさい。 (20点)

(1) 凭（　　　）吃饭，是中国人比较传统的职业观。
　① 本能　　　② 本领　　　③ 本职　　　④ 本分

(2) 美国华盛顿州政府首脑（　　　）业界代表团访华推广旅游。
　① 领头　　　② 领导　　　③ 率先　　　④ 率领

(3) 政府出台了一个新的住房政策，（　　　）使人们买房更加容易了。
　① 从而　　　② 从来　　　③ 从速　　　④ 从中

(4) 不管你同不同意，（　　　）我要参加这次活动。
　① 纵使　　　② 即使　　　③ 反正　　　④ 反而

(5) 下星期就要考试了，得（　　　）时间好好复习。
　① 抓住　　　② 抓紧　　　③ 抓捕　　　④ 抓弄

(6) 我们（　　　）适应了新的环境以后，做事就会得心应手了。
　① 暂时　　　② 难道　　　③ 逐渐　　　④ 反而

(7) 他的演说给在场所有的听众都留下了（　　　）的印象。
　① 深刻　　　② 深广　　　③ 深厚　　　④ 深重

(8) 他在描述事情经过的时候，气得嘴唇（　　　）。
　① 发愤　　　② 发扬　　　③ 发誓　　　④ 发抖

(9) 在去火车站的路上，她偶然（　　　）了一个老朋友。
　① 碰见　　　② 碰面　　　③ 碰巧　　　④ 碰头

(10) 父母含辛茹苦地养育了我，我不能（　　　）父母的希望。
　① 背负　　　② 肩负　　　③ 担负　　　④ 辜负

4 次の文章を読み，(1)〜(5)の問いの答えとして最も適当なものを，それぞれ①〜④の中から１つ選び，その番号を解答欄にマークしなさい。また，下線部(a)・(b)を日本語に訳し，解答欄(6)に書きなさい。
(20点)

前两天我坐火车出差，一路看着窗外荒凉的冬日风景，实在无聊，想找个同行的旅客聊聊天，打发时间。

首先 (1) 目光落在了坐在对面的小伙子身上，我们年龄差不多，应该有共同语言。(a)我正在考虑找个什么话题，只见那小伙子取出笔记本电脑开始上网了。看来小伙子要上网聊天了。

坐在左边的是个姑娘，一直侧脸 (2) 窗外看着。我想如果能跟佳人旅途相伴，聊聊天，也是很不错的。我清了清嗓子，用尽量绅士一些的语调说："你好，是不是没来过这里？"姑娘却丝毫没有反应。仔细一瞧， (3) 她在静静地听音乐，把整个车厢里的人都排斥在外了。

我苦笑一下，扭头看斜对面的那个大爷。(b)大爷面容慈祥，一看就是个老实人，不由得让我想起了我的父亲。大爷觉察到我的目光一直盯着他，马上把手提包抱在怀里，有意避开了我的视线。我尴尬地站起身来。

我穿过车厢，走到了两 (4) 车厢的接头处。看见一个中年人在那里抽烟。我凑过去，掏出一支烟来，笑着说："大哥，借个火。"中年人犹豫了一下，掏出打火机递过来。我接过打火机把烟点着，吸了一口，把打火机还给他，说："谢谢啊，大哥，您去哪儿？"

中年人把还没有抽完的烟熄灭，说了一声："你接着抽，我回座位了。"

他的这句话让我不知所措，要想找个人聊聊天怎么这么难呢？这时候，一个八、九岁的阳光男孩出现在眼前："叔叔，请问您，车窗外那一排高大笔直的树是白杨树吗？"

(1) 空欄(1)を埋めるのに適当なものは，次のどれか。
① 把　　　② 给　　　③ 往　　　④ 被

(2) 空欄(2)を埋めるのに適当なものは，次のどれか。
① 沿　　　② 靠　　　③ 从　　　④ 向

(3) 空欄(3)を埋めるのに適当なものは，次のどれか。
　　① 向来　　　　② 由来　　　　③ 原来　　　　④ 素来

(4) 空欄(4)を埋めるのに適当なものは，次のどれか。
　　① 节　　　　　② 台　　　　　③ 件　　　　　④ 条

(5) 本文の内容と一致するものは，次のどれか。
　① 小伙子和我年龄差不多，他想上网和我聊天。
　② 姑娘听音乐是因为她不喜欢车厢里的旅客。
　③ 如今想和一个不认识的人聊天是很难的事。
　④ 中年人突然想睡觉所以先回座位去了。

(6) 下線部(a)・(b)を日本語に訳しなさい。

5 (1)～(5)の日本語を中国語に訳し，解答欄に書きなさい。　　　　（20点）

(1) 大学に受かった知らせを聞くと，彼女は飛び上がるほど喜んだ。

(2) これよりもう少し安いのはありませんか。

(3) 自転車さえ買えないのに，まして車なんて。

(4) 彼らの要求はもっともだ。私たちには承諾しない理由はない。

(5) 私たち夫婦は共働きですから，先に家に帰ったほうが食事を作ります。

リスニング （⇨問題2頁）

1

解答：(1)❶ (2)❷ (3)❶ (4)❸ (5)❹ (6)❷ (7)❶ (8)❷ (9)❷ (10)❸

1．Aの発話に対するBの問いの答えを選びます。日常会話の一言を聞き取り，すばやく状況をつかむ能力を問います。　　　　　　　　　　　　　　　　（各5点）

04 (1) A：开会开了快五个小时了，怎么还没开完呢？（会議が始まって間もなく5時間になるというのに，どうしてまだ終わらないんだろう。）

　　　B：说话人的意思是：（話し手が言っている意味は？）

　　　❶ 会议开得太长了。（会議が長すぎる。）
　　　② 会议开得太多了。（会議が多すぎる。）
　　　③ 应该尽量少开会。（できるだけ会議を少なくすべきだ。）
　　　④ 应该尽量多开会。（できるだけ会議を多くすべきだ。）

> "开会开了快五个小时了"は，"开会开了"（会議が始まった）と"快五个小时了"（間もなく5時間になる）からなります。後半の"怎么…呢?"（どうして…だろう）は反語，つまり"还没开完"（まだ終わらない）であるべきではないと言いたいことを表しています。

05 (2) A：请问，这个包裹寄到上海，特快专递要多少钱？
　　　（すみません，この小包を上海に送るには，EMSだといくらですか。）

　　　B：说话人现在在哪里？（話し手は今どこにいるのか。）

　　　① 在银行。（銀行。）
　　　❷ 在邮局。（郵便局。）
　　　③ 在火车站。（駅。）
　　　④ 在机场。（空港。）

> "包裹"（图小包），"寄"（動郵送する）が決め手です。"特快专递"は「图EMS（Express Mail Service）。国際スピード郵便」のことです。中国には国内用もあり，"国内""国际"と頭につけて区別します。

06 (3) A：小陈，你再晚到五分钟就赶不上这趟车了。（陳さん，あなたはもう5分着くのが遅かったら，この列車に間に合わないところでしたよ。）

14

B：说话人的意思是：（話し手が言っている意味は？）
- ❶ 小陈差点儿没赶上这趟车。
  （陳さんはもう少しのところでこの列車に間に合わないところだった。）
- ② 小陈没赶上这趟车。（陳さんはこの列車に間に合わなかった。）
- ③ 这趟车延误了五分钟。（この列車は5分遅れた。）
- ④ 这趟车已经发车了。（この列車はもう発車した。）

"再晚到五分钟就赶不上这趟车了"は，"再晚到五分钟"（もう5分遅く着く）が仮定，"就赶不上这趟车了"（ならば，この列車に間に合わなかった）が結果を表し，それを陳さんに言っていることで，陳さんは実際には間に合ったことを表しています。①と②の違いは"差点儿"のあるなしですが，"没赶上这趟车"（この列車に間に合わなかった）という話し手が実現を望まないことを後に述べる場合，"差点儿"があると，そのことが実現しなかった，つまり間に合ったことを表します。

07 (4) A：小王，你的计划不错，可惜公司目前拿不出钱啊！（王さん，あなたの計画はよいけれど，残念なことに会社は当面お金を出せませんよ。）
B：说话人的意思是：（話し手が言っている意味は？）
- ① 小王计划向公司借很多钱。
  （王さんは会社からたくさんお金を借りるつもりだ。）
- ② 小王计划借给公司很多钱。
  （王さんは会社にたくさんお金を貸すつもりだ。）
- ❸ 公司没有钱实施小王的计划。
  （会社は王さんの計画を実施するお金がない。）
- ④ 公司可以出钱实施小王的计划。
  （会社はお金を出して王さんの計画を実施することができる。）

後半の"可惜"（形 残念である）で，前半の"计划不错"（計画はよい）から期待されることと異なる結論を言っていることが分かります。"钱"について"拿不出"と可能補語の否定形を用い「出すことができない」と言っているので，③を選びます。"计划"は，Aと③④では「图計画」，①②では「動計画する」で用いられています。"借"は，①では「借りる」，②では「貸す」という意味になっています。相手を導くのに，①のように"向…借"，または"跟…借"，あるいは単に"借…"というかたちであれば「借りる」，②のように"借给…"であれば「貸す」になります。

08 (5) A：咱们是老朋友了，还用这么客气吗？（古い友達どうしじゃないですか，それなのにそんな他人行儀な必要があるんでしょうか。）

B：说话人的意思是：(話し手が言っている意味は？)

① 我们之间不能太随便。（私たちの間では勝手すぎてはいけない。）

② 你对我应该像对客人一样。
（あなたは私に対してお客さんのように扱うべきだ。）

③ 我对你应该像对客人一样。
（私はあなたに対してお客さんのように扱うべきだ。）

❹ 我俩之间不用那么客气。
（私たち二人の間ではそんなに遠慮する必要はない。）

> 後半の"还用…吗?"（それなのに…である必要があるのか）は反語，つまり"这么客气"（そんなに他人行儀）であるべきではないと言いたいことを表しています。この"用"は「動必要がある」で，もっぱら反語や否定"不用"（…する必要がない）のかたちで用いられます。

2. AとBの対話に続くAのことばを選びます。日常会話の短い対話を聞き取り，すばやく状況をつかんで反応する能力を問います。　　　　　　（各5点）

10 (6) A：小张，今天下班后一起去喝一杯吧。
（張さん，今日，会社が引けたら，一緒に一杯やろうよ。）

B：哎哟，真不巧，今晚我没有时间。
（わぁ，あいにくだけど，今晩は時間がないんだ。）

A：① 你真行！每天晚上都喝酒。（君は本当にいいなあ。毎晩酒を飲めて。）

❷ 怎么每次约你，你都说没时间呢？
（どうして誘うたびに，君はいつも時間がないと言うの？）

③ 今天晚上我也要加班。（今晩僕も残業しなければならないんだ。）

④ 明天晚上的话，我肯定有时间。
（明日の夜なら，僕はきっと時間があるよ。）

> "喝一杯"は中国語でも酒を飲むことを指します。Aの誘いに対して，Bは"没时间"（時間がない）という理由で断りました。この話の流れを受けるには，Bがそのように言う理由を尋ねるかたちで不満を表す②を選びます。

⑪ (7) **A**：你找到解决问题的办法了吗？
（問題を解決する方法は見つかりましたか。）
B：对不起，我想了半天，还是想不出好办法来。（すみません，私は長いこと考えましたが，やはりよい方法が思いつきません。）
A：❶ 那就别想了，过几天再说吧。
（それでは考えるのをやめなさい，いずれまたにしましょう。）
② 时间怎么过得这么快呀？
（時間の経つのはどうしてこんなに速いのだろう。）
③ 工作的时候也不能胡思乱想。
（仕事のときにも，あれこれくだらないことを考えてはいけません。）
④ 这不是解决问题的办法。
（これは問題を解決する方法ではありません。）

> 問題を解決する方法について，どうしても思いつかないことを詫びるBに対してかけることばとして適当な①を選びます。"再说"は「動後のことにする」ですが，"过几天再说"は文字どおり「数日たってからのことにする」というより「頭を冷やしてからにしよう」という意味になります。

⑫ (8) **A**：你怎么脸色这么难看？哪儿不舒服吗？
（どうしてそんなに顔色が悪いの？どこか具合が悪いのですか。）
B：没有，是我的护照不见了。（いいえ，パスポートが見つからないのです。）
A：① 别急，我陪你去医院吧。
（慌てないで，私が病院について行ってあげましょう。）
❷ 别急，你再好好找一找。
（慌てないで，もう一度よく探してごらんなさい。）
③ 别急，我叫救护车来。（慌てないで，私が救急車を呼んできます。）
④ 别急，警察马上就来。（慌てないで，お巡りさんはすぐに来ます。）

> Aは，Bが"脸色这么难看"（そんなに顔色が悪い）のは身体の具合が悪いためかと思いましたが，"护照不见了"（パスポートが見つからない）ためと分かりましたので，"别急"（慌てないで）の後に，見つけるのに必要な行動を促す②を選びます。"脸色"には「表情」の意味もあり，"脸色难看"で「表情が険しい。怒っている」という意味になることもあります。Bの"没有"は"没有不舒服的地方"（具合が悪いところはない）

17

の意味です。

13 (9) A：这是我送给您的生日礼物。(これはあなたへの誕生日プレゼントです。)
B：让你破费了，真不好意思。(散財させて，本当に申し訳ありません。)
A：① 今天是咱们的结婚纪念日啊。(今日は私たちの結婚記念日ですよ。)
❷ 这只是我的一点儿心意。(これは私のほんの気持ちです。)
③ 今天是国庆节啊，你忘了吗？
(今日は国慶節ですよ。あなたは忘れたの？)
④ 这是我对你的严格要求。
(これは私のあなたに対する厳しい要求です。)

> Bの"破费"は「動（金銭や時間を）費やす」で，Aから誕生日プレゼントをもらうことに対して，Bは恐縮することばを言っています。この話の流れを受けるには，Bの気持ちを軽くすることを言う②を選びます。"一点儿心意"（ほんの気持ち）は，そうした場合の「決まり文句」です。

14 (10) A：我觉得咱们好像在哪儿见过。
(私たちはどこかで会ったことがあるようですね。)
B：是吗？我怎么一点儿印象都没有呢？
(そうですか。私はどうして全然覚えていないんでしょうね。)
A：① 是吗？我根本就不认识你啊。
(そうですか。私は全くあなたを存じ上げません。)
② 是吗？你一定是认错人了吧。
(そうですか。あなたはきっと人違いをしているのでしょう。)
❸ 想起来了，三年前在一个婚礼上。
(思い出しました。3年前のある結婚式でです。)
④ 想不起来，三年前我没参加婚礼。
(思い出せません。3年前私は結婚式に出ませんでした。)

> Bの"我怎么一点儿印象都没有呢？"は反語，つまり"一点儿印象都没有"（全然覚えていない）であるべきではない，覚えていないのは不思議だ，申し訳ないというニュアンスを出しています。その意味で，同様に覚えていないことを言いながら，①の表現とは与える印象が異なります。

18

2　500字程度の2つの文章を聞き，内容についての問い5問ずつに答えます。
　　ポイントとなる内容を聞き取り，全体の趣旨をつかむ能力を問います。(各5点)

解答：(1)❷　(2)❸　(3)❶　(4)❹　(5)❷　(6)❷　(7)❶　(8)❸　(9)❹　(10)❷

(1)～(5)の中国語

16　　　上个星期二，照相馆开门后一直没有客人，到了中午，走进来一对老年夫妇。
　　　大爷(dàye)从口袋里拿出来一块手帕(shǒupà)，手帕里包着一张白纸，打开纸，里面是一张旧照片。大爷问："能帮我把这张照片修补一下吗？"那是一张很小的老照片，右下角还有"红旗照相馆"几个字。由于时间太久，5
所以整个照片已经发黄了，而且还有一些斑点(bāndiǎn)和破损(pòsǔn)。
　　　像这样的照片，一般的照相馆是不愿意修补的，因为要花费很多时间，而且利润(lìrùn)也不高。可是看到两位老人那种期待的表情，我又不好意思拒绝他们，就问大爷："这是大妈年轻时的照片吧？"大爷笑眯眯(xiàomīmī)地说："是啊，这是她18岁时的一张照片，我很喜欢，所以一直保存到现在。"10

17　大爷还说："这虽然是一张很小的照片，但每当我看到它，幸福的往事就会一幕一幕地浮现在我的眼前，让我感到非常幸福、愉快。"听大爷这么一说，我就答应(dāying)了大爷的请求。
　　　晚上，我一个人留在照相馆里开始修补照片，首先要用专用药水对照片进行清洗，然后去掉照片上的斑点，所有的步骤(bùzhòu)都要慢慢做，越细15
心就越能产生好的效果。
　　　第二天下午，我把修补后的照片送到了大爷手上。大爷戴上老花镜，认真地看了好久，然后对我竖(shù)起了大拇指(dàmǔzhǐ)说："你修补得真好！太清晰(qīngxī)了，我老伴儿当年(dāngnián)就是这个模样(múyàng)！"

笑眯眯：形目を細めて笑う様子
步骤：名手順。段取り

訳：先週の火曜日，写真館は開店後ずっと客がいなかったが，昼になって，一組の老夫婦が入って来た。
　　おじいさんがポケットからハンカチを取り出すと，ハンカチの中には白い紙が包まれていて，紙を開くと，中は1枚の古い写真であった。おじいさんは「この写真をちょっと修復してもらえますか。」と聞いた。それは小さな古い写真で，

右下隅には「紅旗写真館」という文字もあった。時が経っているので，写真全体がすでにセピア色になっており，多少の染みと傷みもある。

　このような写真は，たいていの写真館は修復作業を嫌がるのだ。というのは，時間がかかるうえに，もうけも少ないからだ。しかし老夫婦の期待に満ちた表情を見て，私は二人に断るのが気の毒で，「これは奥様がお若い頃の写真でしょう？」とおじいさんに聞いた。おじいさんはにこにこ笑って「そうです，これは女房が18歳のときの写真で，私はとても気に入っていて，ずっと今まで大事にとっておいたのです。」と言った。おじいさんはまた「これは小さな写真だけれど，でも私はこれを見るたびに，幸せだった昔の事が1幕1幕と目の前に浮かんできて，とても幸せで楽しくなるのです。」と言った。おじいさんがそう言うのを聞き，私はすぐにおじいさんの頼みを引き受けた。

　夜，私は一人で写真館に残り写真の修復を始めた。まず専用の薬液で写真をきれいに洗い，その後，写真の染みを取り除いた。すべての手順はゆっくりとやらなくてはならず，細心であればあるほどよい効果を上げることができる。

　翌日の午後，私は修復した写真をおじいさんの手に渡した。おじいさんは老眼鏡をかけ，真剣に長い間見詰めた後，私に向かって親指を立て「本当によく修復してくれた。とてもはっきりしている。女房はあの頃まさにこのとおりだった。」と言った。

18 (1) 問：老夫妇到店里来干什么？（老夫婦は店に何をしに来たのか。）
　　答：① 拍摄一张结婚照。（結婚写真を撮る。）
　　　　❷ 修复一张老照片。（古い写真を修復する。）
　　　　③ 买一块丝绸(sīchóu)手帕。（シルクのハンカチを買う。）
　　　　④ 买一些白纸。（白い紙を買う。）

　　　　4行目 "大爷问：'能帮我把这张照片修补一下吗？'"（おじいさんは「この写真をちょっと修復してもらえますか。」と聞いた）から，②を選びます。

19 (2) 問：照片为什么发黄了？（写真はなぜセピア色になったのか。）
　　答：① 因为照片尺寸(chǐcun)太小。（写真のサイズが小さすぎるから。）
　　　　② 因为照相馆的技术不好。（写真館の技術がよくないから。）
　　　　❸ 因为照片是很早以前拍的。
　　　　　（写真はずっと以前に撮ったものであるから。）
　　　　④ 因为没有好好保存。（ちゃんと保存してなかったから。）

5行目"由于时间太久,所以整个照片已经发黄了"(時が経っているので,写真全体がすでにセピア色になっており)から、③を選びます。"由于…,所以~"で原因と結果を表します。

20 (3) 問：我为什么答应了大爷的请求？
（私はなぜおじいさんの頼みを引き受けたのか。）
答：❶ 因为能让大爷感到幸福、愉快。
（おじいさんを幸せで楽しくさせることができるから。）
② 因为很容易，利润也很高。（簡単で、もうけも多いから。）
③ 因为不需要花很大精力。
（多くの気力・体力を費やす必要がないから。）
④ 因为老夫妇是我们的常客。（老夫婦が私たちの常連客だから。）

12行目"听老大爷这么一说,我就答应了大爷的请求"(おじいさんがそう言うのを聞き、私はすぐにおじいさんの頼みを引き受けた)とあり、"这么一说"はその前の11行目"这虽然是一张很小的照片,但每当我看到它,幸福的往事就会一幕一幕地浮现在我的眼前,让我感到非常幸福、愉快"(これは小さな写真だけれど、でも私はこれを見るたびに、幸せだった昔の事が1幕1幕と目の前に浮かんできて、とても幸せで楽しくなるのです)を指すので、①を選びます。

21 (4) 問：这张照片上的人是谁？（この写真に写っている人は誰か。）
答：① 是大爷和大妈。（おじいさんとおばあさん。）
② 是大爷大妈的女儿。（おじいさんとおばあさんの娘。）
③ 是大妈的老伴儿。（おばあさんの連れ合い。）
❹ 是大爷的老伴儿。（おじいさんの連れ合い。）

9行目の「私」の問い"这是大妈年轻时的照片吧?"（これは奥様がお若い頃の写真でしょう？）に、10行目でおじいさんが"是啊,这是她18岁时的一张照片"（そうです、これは女房が18歳のときの写真で）と答えているので、④を選びます。

22 (5) 問：与本文内容相符的是以下哪一项？
（本文の内容に合うものは、次のどれか。）
答：① 手帕是用一张白纸包起来的。（ハンカチは白い紙で包まれていた。）

21

❷ 大爷看到修补好的照片，感到很满意。
（おじいさんは修復された写真を見て、とても満足した。）
③ 先修补好照片，然后再用药水清洗。
（まず写真をちゃんと修復し、その後、薬液できれいに洗った。）
④ 大妈觉得大爷戴上老花镜很可笑。
（おばあさんはおじいさんが老眼鏡をかけているのがおかしいと思った。）

> 17行目"大爷…对我竖起了大拇指说："你修补得真好！太清晰了，我老伴儿当年就是这个模样！"（おじいさんは…私に向かって親指を立て「本当によく修復してくれた。とてもはっきりしている。女房はあの頃まさにこのとおりだった。」と言った）から、②を選びます。"竖起大拇指"（親指を立てる）しぐさは中国人にとって称賛や決心を表します。この「問」の文はよく用いられるので、覚えておきましょう。"相符"か"不相符"かに注意が必要です。

⑥～⑩の中国語

㉚　女儿今年上小学三年级，学习很认真。这次期末考试语文和算术都得了一百分，还带回来一张奖状和一个奖品。按理说，做爸爸的应该为她感到高兴和骄傲(jiāo'ào)。可是，我却总觉得有点儿不满意。

　　我女儿开始上小学以后，就中断了她最喜欢的舞蹈班的训练。因为每天从学校回来，她得做家庭作业。一般要做三四个小时，有时候甚至做到晚上九十点钟还做不完。

　　这不能怪学校，学校有教学质量的压力；也不能怪老师，老师有工作评比的压力；更不能怪孩子，孩子是最无辜(wúgū)的！那么，到底问题出在哪里呢？我认为是我们这个社会太看重眼前的利益了！学校教育的目标好像就是为了培养考试能得高分的学生。为了这个目标，孩子要拼命，父母也要跟着一起拼命。拼到最后，小学生没有了学习的乐趣，中学生丧失(sàngshī)了选择爱好的自由。

㉛　我多么希望，我的女儿在小学里既能开心地学习，又能健康地成长；在中学能按照自己的兴趣爱好自觉地学习；到了上大学的时候，能上自己喜欢的大学，学习她自己喜欢的专业；大学毕业后，能一辈子做她自己喜欢的事情，干她喜欢的工作！

但是，在这个注重眼前利益的社会里，我没有勇气这样做！我能做的只是减轻她一些辛苦，让她多一份开心，多一点自由！至于考试成绩，得了一百分，我高兴。没得，我也无所谓！
　我唯一的希望是女儿永远幸福快乐！
　评比：動比較して優劣を定める。ここでは「比較して優劣を定めること。評定」
　　　　という意味の名詞として用いられている
　无辜：形無辜である。罪がない

訳：娘は今年小学校３年生で，勉強ぶりは真面目で，今度の期末試験で国語と算数はいずれも100点を取り，賞状と賞品も持って帰ってきた。理屈から言えば，父親として彼女のことを喜び，誇りに思うべきであろう。しかし，私はいつも少し不満なのだ。
　娘は小学校に上がるとすぐ彼女が一番好きだったダンス教室のレッスンを中断してしまった。毎日学校から帰ると，宿題をしなければならないからだ。ふつう3, 4時間しなければならず，夜の9, 10時までしてもやり終えないときさえある。
　これは学校を責めるわけにはいかない。学校には高度な教育を求められているというプレッシャーがある。先生を責めるわけにもいかない。先生には勤務評定というプレッシャーがある。子供を責めるわけにはさらにいかない。子供は最も罪がないのである。それでは，いったい問題はどこで起こっているのだろう。私は，われわれの社会は目の前の利益を重視し過ぎていると思う。学校教育はまるで試験で高得点が取れる生徒を育てるのが目標であるかのようだ。この目標のために，子供はがんばらねばならないし，親も一緒にがんばらねばならない。その結果，小学生は学ぶ楽しみをなくし，中学生は趣味を選ぶ自由を失ってしまっている。
　私は娘が小学校で楽しく学び，健やかに成長すること，中学では自分の興味に基づき自発的に学び，大学に行くときになったら，自分の好きな大学に入り，彼女自身が好きな専攻を学び，大学を卒業した後は，生涯彼女自身が好きなことをやり，彼女が好きな仕事をしてほしいと，どんなに願っていることだろう。
　しかし，この目の前の利益を重視する社会において，私にはそのようにする勇気はない。私ができるのは彼女の苦労を少し軽くしてやり，彼女を少しでも楽しく，少しでも自由にさせてやることでしかない。試験の成績については，100点を取ったら，私はうれしい。取らなくても，どういうことはない。
　私の唯一の願いは，娘がいつまでも幸せで楽しく暮らせることだ。

㉜ (6) 問：女儿的学习情况怎么样？（娘の勉強ぶりはどうか。）
　　答：① 学习很认真，每次考试都是 100 分。
　　　　　（勉強ぶりは真面目で，毎回試験はいつも 100 点である。）
　　　　❷ 学习很认真，这次考试考了两个 100 分。
　　　　　（勉強ぶりは真面目で，今回の試験は二つ 100 点を取った。）
　　　　③ 学习不太好，她总是爱骄傲。
　　　　　（勉強ぶりはあまりよくなく，彼女はいつもうぬぼれている。）
　　　　④ 学习不太好，我总觉得不太满意。
　　　　　（勉強ぶりはあまりよくなく，私はいつもあまり満足していない。）

> 　　1 行目"女儿…学习很认真。这次期末考试语文和算术都得了一百分"（娘は…勉強ぶりは真面目で，今度の期末試験で国語と算数はいずれも 100 点を取り）から，②を選びます。③の"骄傲"は「形おごり高ぶっている」，本文 3 行目の"骄傲"は「形誇りに思っている」で，文脈によりマイナスの意味にもプラスの意味にもなります。

㉝ (7) 問：为什么女儿不参加舞蹈班的训练了？
　　　　（なぜ娘はダンス教室のレッスンに行かなくなったのか。）
　　答：❶ 因为学校作业太多，没时间参加。
　　　　　（学校の宿題が多すぎて，行く時間がないから。）
　　　　② 因为她喜欢学习，不喜欢跳舞。
　　　　　（彼女は勉強が好きで，ダンスは好きではないから。）
　　　　③ 因为我们没有钱让她参加舞蹈班。
　　　　　（「私」たちには彼女をダンス教室に通わせるお金がないから。）
　　　　④ 因为她在舞蹈班的成绩一直不好。
　　　　　（彼女はダンス教室の成績がずっとよくなかったから。）

> 　　4 行目"我女儿…中断了…舞蹈班的训练"（娘は…ダンス教室のレッスンを中断してしまった）とあり，続いて理由として"因为每天从学校回来，她得做家庭作业。一般要做三四个小时，有时候甚至做到晚上九十点钟还做不完"（毎日学校から帰ると，宿題をしなければならないからだ。ふつう 3, 4 時間しなければならず，夜の 9, 10 時までしてもやり終えないときさえある）とあることから，①を選びます。

34 (8) 問：我认为现在的学校教育问题出在哪里?
　　　（私は今の学校教育の問題はどこで起こっていると考えているか。）
　　答：① 问题出在学校的教育质量差。（問題は学校教育の質の悪さにある。）
　　　　② 问题出在老师的教学能力低。
　　　　　（問題は先生の教える能力の低さにある。）
　　　　❸ 问题出在社会上的急功近利。
　　　　　（問題は社会が目先の利を求める風潮にある。）
　　　　④ 问题出在学生们不想学习。
　　　　　（問題は学生たちが勉強をしたがらない点にある。）

> 8行目"到底问题出在哪里呢?"（いったい問題はどこで起こっているのだろう）の直後にある"我认为是我们这个社会太看重眼前的利益了"（私は，われわれの社会は目の前の利益を重視し過ぎていると思う）から，③を選びます。③の"急功近利"は「國目前の効果と利益を急いで求める」。

35 (9) 問：我希望女儿中学阶段怎样学习?
　　　（私は娘が中学段階でどのように学ぶことを願っているか。）
　　答：① 为了自己的身心健康而努力学习。
　　　　　（自分の心身の健康のために努力して学ぶ。）
　　　　② 根据老师的要求自觉努力地学习。
　　　　　（先生の要求に基づき，自発的に努力して学ぶ。）
　　　　③ 为了自己喜欢的事业而自觉地学习。
　　　　　（自分が好きな活動のために自発的に学ぶ。）
　　　　❹ 按照自己的兴趣爱好自觉地学习。
　　　　　（自分の興味により，自発的に学ぶ。）

> 13行目"我多么希望，我的女儿…在中学能按照自己的兴趣爱好自觉地学习"（私は娘が…中学では自分の興味に基づき自発的に学び…と，どんなに願っていることだろう）から④を選びます。

36 (10) 問：与本文内容相符的是以下哪一项?
　　　（本文の内容に合うものは，次のどれか。）
　　答：① 我对女儿拿到奖品感到很满意。
　　　　　（私は娘が賞品をもらったことに対して満足している。）
　　　　❷ 女儿永远幸福快乐是我的唯一希望。

（娘がいつまでも幸せで楽しく暮らすことが私の唯一の願いである。）
③ 现在学校的目标就是让学生健康成长。
　　（現在，学校の目標は生徒が健康に育つようにすることである。）
④ 我不想减轻女儿学习中的辛苦。
　　（私は娘の勉強中のつらさを軽くしたくない。）

> 　20行目"我唯一的希望是女儿永远幸福快乐"（私の唯一の願いは，娘がいつまでも幸せで楽しく暮らせることだ）から，②を選びます。

筆記 （⇨問題6頁）

[1] 600字程度の文章を読み，流れをつかんで適当な語句を補う8問，正しいピンインを選ぶ1問，内容の理解を問う1問に答えます。語句の知識と読解力を問います。 （各2点）

解答：(1)❷ (2)❹ (3)❹ (4)❶ (5)❶ (6)❸ (7)❷ (8)❶ (9)❸ (10)❸

随着电子产品的迅速普及和信息网络的日益发达，人们越来越不需要手写汉字，(1)致使全民书写水平下滑。在中小学，为了升学考试，更是严重忽视与考试无关的书写技能。目前，中小学生汉字书写普遍出现"荒漠(huāngmò)化"现象，具体表现为笔顺不分、书写潦草(liáocǎo)、卷面(juànmiàn)不整洁等。(2)针对这种现象，有关专家呼吁(hūyù)对中小学生要加强汉 5
字书写文化的教育，并建议设立"汉字书写日"。

使用电脑打字，正在取代拥有数千年传统的一笔一画的汉字书写，越来越多的人对于用笔书写汉字感到陌生(3)起来。你是否有过提笔忘字的尴尬(gāngà)呢？(4)即使是曾经无数次书写过的字，(4)也一时想不起来。

互联网时代，不仅仅上班族，现在的大学生(5)甚至中小学生都习惯 10
了使用笔记本电脑和智能手机。大学生张某说，她平时的作业都是交电子版或者打印版，很少有自己手写的。她觉得打字比较方便，而且更加(6)整洁 zhěngjié。然而，过度地依赖键盘，汉字书写出现了令人担忧的问题。(7)除了提笔忘字，字迹潦草以外，错别字多(7)也是现代人书写水平下降的表现。 15

汉字作为一种文字不仅具有交际功能，而且作为一(8)门艺术还具有独特的视觉欣赏功能。中国书法被誉(yù)为"无言的诗，无行的舞，无图的画，无声的乐(yuè)"。中国自古以来就有"字如其人"的说法。如今，一些受过高等教育的知识分子都错字连篇，实在与身份不符。为了(9)避免汉字书写的危机，设立"汉字书写日"是非常必要的。 20

下滑：動（成績や質などが）低下する

中小学：小中学校。日本語では「小中学校」と並べるが，中国語では"中小学"と並べる。また"中学"は「中学，高校」だが，"中小学"には「高校」を含まない

荒漠：名砂漠

分：4行目"笔顺不分"の"分"は「動違いをわきまえる」

卷面：名答案の面（おもて）。"卷"は"卷儿""卷子""答卷"を指す

呼吁：動呼びかける。アピールする

笔：8行目"用笔"の"笔"は広く「名ペン類。筆記具」。「筆」は"毛笔"

尴尬：形ばつが悪い。ここでは名詞として用いられている

错别字：名"错字"（誤字）と"别字"（当て字）

都：19行目"知识分子都"の"都"は"连"と呼応して「副…でさえ」で，ここでは"连"が省略されている

连篇：動全編に満ちている。…だらけである

訳：電子製品が急速に普及し，情報ネットワークが日増しに発達するにつれて，人々はますます漢字を手書きする必要がなくなった。その結果，全国民の字を書くレベルは低下している。小中学校では，進学試験のために，試験と関係のない字を書く技能をさらにひどく軽視している。現在，小中学生が漢字を書くことについて「砂漠化」現象が普遍的に現れている。それは具体的には，筆順がいい加減，書き方がぞんざい，答案の字がきちんと書かれていないなどに現れている。このような現象に対して，関係する専門家は小中学生に対して漢字を書く文化の教育を強化する必要があると呼びかけ，「漢字書写日」を設けることを提言している。

　パソコンを使って文字を打つことが，数千年の伝統を有する一画ずつの漢字書写に取って代わりつつあり，ますます多くの人がペンで漢字を書くことに対して不慣れな感じを持つようになってきている。あなたはペンを手にしても字を忘れているというばつの悪さを感じたことがないだろうか。たとえかつては数え切れないほど書いたことのある字であっても，すぐには思い出せないのだ。

　ネット時代においては，サラリーマンだけでなく，今の大学生，いや小中学生でさえもノートパソコンやスマートフォンを使い慣れている。大学生の張さんが言うには，彼女はふだんの課題はみな電子データやプリントアウトしたものを提出し，自分で手書きしたものはほとんどないとのことだ。彼女は字をタイプするのはわりと簡便で，しかもよりきれいだと感じている。しかし，過度にキーボードに頼ることで，漢字を書くことにおいて憂うべき問題が生じた。ペンを手にしても字を忘れたり，筆跡が乱雑なことのほかに，誤字，当て字が多いことも現代人の字を書くレベルの低下の現れである。

　漢字は一種の文字としてコミュニケーションの機能を具えているだけでなく，一つの芸術として独特の視覚的な鑑賞機能も具えている。中国の書道は「言

葉のない詩，動きのない舞，絵のない絵画，音のない音楽」と称賛されている。中国には昔から「字は人なり」という言い方がある。今，高等教育を受けた一部のインテリでさえ誤字だらけで，本当にその社会的地位と合致しない。漢字を書くことの危機を避けるために，「漢字書写日」を設けることはどうしても必要である。

(1) 空欄補充

人们越来越不需要手写汉字，☐全民书写水平下滑（人々はますます漢字を手書きする必要がなくなった。その結果，全国民の字を書くレベルは低下している）

① 指使（動そそのかす）
❷ 致使（動…の結果をもたらす）
③ 至于（動…の程度になる）
④ 甚至（接甚だしきに至っては）

"人们越来越不需要手写汉字"（人々はますます漢字を手書きする必要がなくなった）と"全民书写水平下滑"（全国民の字を書くレベルは低下している）がどのような関係で結び付けられるかを考え，その後に結果として起こったことを述べる②を選びます。

(2) 空欄補充

☐这种现象，有关专家呼吁对中小学生要加强汉字书写文化的教育，并建议设立"汉字书写日"（このような現象に対して，関係する専門家は小中学生に対して漢字を書く文化の教育を強化する必要があると呼びかけ，「漢字書写日」を設けることを提言している）

① 对应（動相応する）
② 随着（介…に従って。…につれて）
③ 相对（動向かい合う。相対する）
❹ 针对（動…に焦点を合わせる）

"这种现象"（このような現象）は，この前に3行目から述べられた様々な"'荒漠化'现象"（「砂漠化」現象）を指します。"这种现象"と"有关专家呼吁"（関係する専門家は呼びかける），"建议"（提言する）がどのような関係で結び付けられるかを考え，④を選びます。"针对…"は「…に焦点を合わせると（どうである）。…に対して（どうである）」と，

29

対象を導くのによく用いられます。

(3) 空欄補充

使用电脑打字，正在取代拥有数千年传统的一笔一画的汉字书写，越来越多的人对于用笔书写汉字感到陌生 ____ （パソコンを使って文字を打つことが、数千年の伝統を有する一画ずつの漢字書写に取って代わりつつあり、ますます多くの人がペンで漢字を書くことに対して不慣れな感じを持つようになってきている）

① 下来（〔方向補語の派生義として〕「…し続けてきた」という現在までの動作の継続などを表す）
② 下去（〔方向補語の派生義として〕「…し続ける」という未来への動作の継続などを表す）
③ 上来（〔方向補語の派生義として〕「…しおおせる」という動作を成し遂げることなどを表す）
❹ 起来（〔方向補語の派生義として〕「…してきている」という動作が起こり継続することなどを表す）

　"正在取代"（取って代わりつつある）、"越来越多"（ますます多く）と、現在進行している状況の変化について述べています。方向補語は動詞や形容詞の後につき、派生義もいろいろありますが、①～④の後に示した意味は、動詞の後についた場合のものです。"感到陌生"（不慣れな感じをもつ）という動詞句の後について、それが起こり継続することを表す④を選びます。

(4) 空欄補充

____ 是曾经无数次书写过的字，____ 一时想不起来（たとえかつては数え切れないほど書いたことのある字であっても、すぐには思い出せないのだ）

❶ 即使…也…（たとえ…でも、…）
② 无论…都…（…にかかわらず…）
③ 除非…才…（…しない限り…しない）
④ 如果…就…（もし…ならば…）

　"曾经无数次书写过的字"（かつては数え切れないほど書いたことのある字）について、そぐわないように思える"一时想不起来"（すぐには思い出せない）という状況を結び付けるには、仮定条件と譲歩を表し意味か

ら適当な①を選びます。

(5) 空欄補充

互联网时代，不仅仅上班族，现在的大学生 ☐ 中小学生都习惯了使用笔记本电脑和智能手机（ネット時代においては，サラリーマンだけでなく，今の大学生，いや小中学生でさえもノートパソコンやスマートフォンを使い慣れている）

❶ 甚至（副…さえ）
② 何况（接まして…は言うまでもない）
③ 而且（接しかも）
④ 况且（接その上）

"习惯了使用笔记本电脑和智能手机"（ノートパソコンやスマートフォンを使い慣れている）ということにおいて，一般に"大学生"は意外に感じられませんが，"中小学生"（小中学生）は意外度が高いので，際立たせる意味をもつ①を選びます。

(6) ピンイン表記

整洁

① zhèngjié
② zhèngjí
❸ zhěngjié
④ zhěngjí

「形きちんとしている」。4行目でも"卷面不整洁"（答案の字がきちんと書かれていない）と用いられています。

(7) 空欄補充

☐ 提笔忘字，字迹潦草以外，错别字多 ☐ 是现代人书写水平下降的表现（ペンを手にしても字を忘れたり，筆跡が乱雑なことのほかに，誤字，当て字が多いことも現代人の字を書くレベルの低下の現れである）

① 就算…也…（たとえ…でも…）
❷ 除了…也…（…のほかに…も…）
③ 不仅…而且…（…だけでなく，しかも…）
④ 只有…才…（…してはじめて…）

前の空欄は"以外"と組み合わさるものとして"除了"が考えられます。後の空欄は，"现代人书写水平下降的表现"（現代人の字を書くレベルの低下の現れ）として，"提笔忘字"（ペンを手にしても字を忘れる），"字迹潦草"（筆跡が乱雑である）と空欄の前の"错别字多"（誤字，当て字が多い）は並列なので"也"で問題ないことから，②を選びます。

(8) 空欄補充

汉字作为一种文字不仅具有交际功能，而且作为一□艺术还具有独特的视觉欣赏功能（漢字は一種の文字としてコミュニケーションの機能を具えているだけでなく，一つの芸術として独特の視覚的な鑑賞機能も具えている）

❶ 门（量学科，技術，芸術などを数える）
② 件（量衣類，事柄などを数える）
③ 部（量本，映画フィルム，機械，車両などを数える）
④ 品（名品物。種類。品質）

　　"作为一□艺术"は前半の"作为一种文字"（一種の文字として）と同じ構造になると考えられ，"艺术"（芸術）の量詞として適当な①を選びます。④の"品"には日本語のような量詞の機能はありません。

(9) 空欄補充

为了□汉字书写的危机，设立"汉字书写日"是非常必要的（漢字を書くことの危機を避けるために，「漢字書写日」を設けることはどうしても必要である）

① 难免（nánmiǎn 形免れがたい）
② 省得（shěngde 接…しないで済むように）
❸ 避免（動避ける。免れる）
④ 以免（接…しないですむように）

　　"设立'汉字书写日'是非常必要的"（「漢字書写日」を設けることはどうしても必要である）は，"为了"（介…のために）で始まる前半の目的のためであることを考え，"危机"という目的語をとる意味と品詞から適当な③を選びます。

(10) 内容の一致

① 信息网络的发达给汉字的书写带来很多不方便。

(情報ネットワークの発達は漢字の書写に多くの不便をもたらした。)

② 現在学校規定中小学生写作业必须使用电脑。(現在，学校は小中学生が宿題をするときはパソコンを使わなければならないと規定している。)

❸ 现在有很多上过大学的知识分子也经常写错字。
(今，大学を出た多くのインテリもよく誤字を書く。)

④ 提笔忘字的原因主要是汉字书写实在太难。(ペンを手にしても字を忘れる原因は，主に漢字の書写がとても難しいからである。)

> 18行目"如今，一些受过高等教育的知识分子都错字连篇"（今，高等教育を受けた一部のインテリでさえ誤字だらけ）と合うので，③を選びます。

2

解答：(1)❷ (2)❹ (3)❶ (4)❸ (5)❷ (6)❷ (7)❸ (8)❸ (9)❶ (10)❸

1. 正しい文を選びます。語順や語句の用法の理解を問います。　(各2点)

(1) ① 我晚点儿宁可回家，也要做完把这个工作。
　　❷ 我宁可晚点儿回家，也要把这个工作做完。
　　(私は少しぐらい帰宅が遅くなっても，この仕事をやり終えるつもりだ。)
　　③ 我宁可回晚点儿家，也要把这个工作做完。
　　④ 我宁可晚点儿回家，也要做完把这个工作。

> "宁可…也要～"は「…してでも～つもりだ」。文の意味を，用いられている語句を見て「少し遅く帰宅してでも，この仕事をやり終えるつもりだ」と推測します。前半は"晚点儿"が連用修飾語として"回家"の前にあり，"晚点儿回家"にかかる"宁可"がその前にある②④が正しい語順になります。②④のうち，後半が介詞"把"を用いる場合の正しい語順「"把"＋動作・行為を受ける物や人＋動詞」になっている②を選びます。

(2) ① 中国人让结婚称为之"终身大事"。
　　② 中国人把结婚称为之"终身大事"。
　　③ 中国人让结婚称之为"终身大事"。
　　❹ 中国人把结婚称之为"终身大事"。
　　(中国人は結婚を「終身大事（一生の大事）」と称している。)

33

"称之为…"で「これを称して…と為す。これを…と称する」。この動作・行為を受ける物である"结婚"を前に出す機能を持つ語は"把"なので，④を選びます。

(3) ❶ 你再不赶快出发的话，非误了飞机不可。
（あなたは急いで出発しなければ，飛行機に遅れてしまいますよ。）
② 你再不赶快出发的话，不可非误了飞机。
③ 你再不赶快出发的话，非飞机误了不可。
④ 你再不赶快出发的话，误了飞机非不可。

　前半の"你再不赶快出发的话"（あなたは急いで出発しなければ）は4つとも同じです。後半にある"非"と"不可"が「…しなければならない」を表す"非…不可"の語順に，「動…に遅れる」という意味の"误"が"飞机"を目的語にとる語順になっている①を選びます。

(4) ① 报告修改后，不但好了不少，而且不能让人比较满意。
② 报告修改后，虽然不少好了，但又不能让人十分满意。
❸ 报告修改后，虽然好了不少，但还不能让人十分满意。（レポートは書き直した後，ずいぶんよくなったけれど，まだ十分に満足のいくものではない。）
④ 报告修改后，尽管好了不少，也要不能让人十分满意。

　"报告修改后"（レポートは書き直した後）は4つとも同じで，①の"不能让人比较满意"と②〜④の"不能让人十分满意"は程度の違いはありますが，「満足のいくものではない」という意味では同じなので，その間を論理的につなぐものを探します。まず，"不少好了"という成立しない語順から，②が除外されます。①の"不但…，而且〜"（…だけでなく，しかも〜），③の"虽然…，但还〜"（…だけれども，まだ〜），④の"尽管…，也要〜"（…にもかかわらず，やはり〜しなければならない）から，文意が通る③を選びます。

(5) ① 男朋友两个星期没来看小红，她有点儿生气他的。
❷ 男朋友两个星期没来看小红，她有点儿生他的气。（ボーイフレンドが2週間小红に会いに来ないので，彼女は彼に対して少し腹を立てている。）
③ 男朋友没来两个星期看小红，她有点儿生他的气。

④ 男朋友没来两个星期看小红，她有点儿生气他的。

> まず，後半の離合詞"生气"の用法がわかりやすいポイントでしょう。離合詞はそれ自体の内部に目的語を持つため，後にさらに別の目的語をとることができず，動作・行為の対象を表す語句は，離合詞内の目的語に対する連体修飾語などになります。ここでは"生他的气"となり，①④が除外されます。前半について見ると，来なかった時間量を表す語句"两个星期"は"没来"の前に置くので，②を選びます。

2. 同じ意味になる語句を選びます。語句の意味についての知識を問います。

(各2点)

(6) 在我看来，你<u>根本</u>不应该有那样的想法。
（私が思うに，あなたは断じてそのような考えを持つべきではありません。）

① 究竟（副いったい。結局。果たして）
❷ 完全（副完全に）
③ 竟然（副なんと。意外にも）
④ 固然（副元より）

> "根本"は「副（終始）全く」なので，②を選びます。この意味では多く問題文のように否定文で用いられます。肯定文では"问题已经根本解决了"のように「副徹底的に」という意味で用いられます。

(7) 小轿车(xiǎojiàochē)停在门口，车门打开，一位<u>标致</u>(biāozhi)的姑娘从车里出来。（乗用車が門口に止まり，ドアが開いて，きれいな娘が車から降りて来た。）

① 神气（shénqi 形元気いっぱいである）
② 年轻（形若い）
❸ 漂亮（形きれいだ）
④ 精神（jīngshen 形元気だ）

> "标致"は「形（多く女性について）美しい」なので，③を選びます。"小轿车"は「名乗用車」。

(8) 对我来说，夜里一、两点钟睡觉简直就是<u>家常便饭</u>。
（私にとって，夜の1時2時に寝るのは少しも珍しくない。）

① 方便的事（便利な事）

35

② 特殊的事（特殊な事）
❸ 极平常的事（ごく普通の事）
④ 了不起的事（大した事）

　"家常便饭"は「家庭料理」から「國日常茶飯事。日常的な事」なので，③を選びます。

(9) 老字号(lǎozìhao)，不仅仅是一个商业符号(fúhào)，更是一座城市文化记忆的一部分。（老舗は一つの商業ブランドであるだけでなく，町の文化的歴史の一部でさえある。）

❶ 有悠久历史的店铺(diànpù)
② 老板年纪很大的商店
③ 利润(lìrùn)很大的商店
④ 受顾客欢迎的商店

　"老字号"は「图老舗」なので，①を選びます。"字号"は「图店名。屋号」から，その"字号"をもつ商店のことを指します。

⑽ 昨天的比赛，乙(yǐ)队不是甲队的对手，被打得落花流水。
（昨日の試合で，乙チームは甲チームの敵ではなく，こてんぱんにやられた。）

① 一无所有（國何も持たない）
② 一言难尽（yìyán-nánjìn 國一言では言い尽くせない）
❸ 一败涂地（yíbài-túdì 國一敗地にまみれる。徹底的に失敗する）
④ 一无是处（yìwúshìchù 國少しも合っているところがない）

　"落花流水"は「國こてんぱんにやられる」なので，③を選びます。もともとは，過ぎ行く春の景色の形容で，マイナスのイメージから来ています。

[3] 適当な語句を補います。読解力と語句の知識を問います。　　　　（各2点）

解答：(1)❷　(2)❹　(3)❶　(4)❸　(5)❷　(6)❸　(7)❶　(8)❹　(9)❶　⑽❹

(1) 凭（本领）吃饭，是中国人比较传统的职业观。
（腕一本で生きていくというのは，中国人のわりに伝統的な職業観である。）

① 本能（图本能）
❷ 本领（图腕前。能力）

36

③ 本职（图自分が担当する職務）

④ 本分（běnfèn 图本分）

> "凭"は「介…によって」，"吃饭"は「食事をする」から「動生きていく」。意味から適当な②を選びます。

(2) 美国华盛顿(Huáshèngdùn)州政府首脑（ 率领 ）业界代表团访华推广旅游。（アメリカのワシントン州政府首脳は業界代表団を率いて中国を訪問し，観光をPRした。）

① 领头（動先頭をきる）

② 领导（動指導する）

③ 率先（副率先して）

❹ 率领（動率いる）

> "美国华盛顿州政府首脑"（アメリカのワシントン州政府首脳）という一つの主語に対して，述語が"(　　)业界代表团""访华""推广旅游"の3つ動詞句からなる連動文です。動詞で，意味から適当な④を選びます。

(3) 政府出台了一个新的住房政策，（ 从而 ）使人们买房更加容易了。（政府は新しい住宅政策を打ち出し，それによって人々がより容易に家を買えるようになった。）

❶ 从而（接したがって）

② 从来（副これまで。多く否定文に用いる）

③ 从速（動速やかに行う）

④ 从中（副中に立って）

> 間に"使"があることから，前半"政府出台了一个新的住房政策"（政府が新しい住宅政策を打ち出した）が原因，後半"人们买房更加容易了"（人々がより容易に家を買えるようになった）が結果と推測されます。"出台"は「動（政策などを）実施する」。文脈に合う，結果を導く接続詞の①を選びます。

(4) 不管你同不同意，（ 反正 ）我要参加这次活动。（君が賛成しようがしまいが，いずれにしろ私は今回の活動に参加するつもりだ。）

① 纵使（接たとえ…でも）

37

② 即使（接たとえ…でも）
❸ 反正（副いずれにしろ）
④ 反而（副かえって）

> 前半の"不管"（接…にかかわらず）に意味的に呼応する③を選びます。

(5) 下星期就要考试了，得（ 抓紧 ）时间好好儿复习。（来週，試験があるので，時間をむだにせず，しっかり復習しなくてはならない。）
① 抓住（動しっかりつかんで固定する）
❷ 抓紧（動しっかりつかんで緩めない）
③ 抓捕（動逮捕する）
④ 抓弄（zhuānong 動かく。ひっかき回す）

> "抓紧时间"で「時間をむだにしない。迅速に行う」という決まった表現です。

(6) 我们（ 逐渐 ）适应了新的环境以后，做事就会得心应手了。（私たちはだんだんと新しい環境に慣れた後は，何をするにも思いどおりにいくようになるものだ。）
① 暂时（zànshí 名しばらくのところ）
② 难道（副まさか…ではあるまい）
❸ 逐渐（副しだいに）
④ 反而（副かえって）

> "得心应手"は「感思うとおりに手が動く。思いどおりにいく」。"适应"（慣れる）という動作・行為を修飾するのに意味から適当な③を選びます。

(7) 他的演说给在场所有的听众都留下了（ 深刻 ）的印象。
（彼の演説はその場のすべての聴衆に深い印象を与えた。）
❶ 深刻（形〔抽象的な意味で〕深い）
② 深广（形程度が深く，範囲が広い）
③ 深厚（形〔感情が〕深い。厚い）
④ 深重（形〔罪，災難，苦しみなどが〕ひどい）

> "在场"は「動その場にいる」。"印象"を修飾するのに意味から適当な①を選びます。

(8) 他在描述事情经过的时候，气得嘴唇（ 发抖 ）。
(彼は事の経過を話すとき，怒りで唇が震えていた。)
① 发愤（動発奮する。精神を奮い起こす）
② 发扬（動発揚する。提唱し盛んにする）
③ 发誓（動誓う）
❹ 发抖（動〔身体が〕震える）

> "描述"は「動描写する」，"气"は"生气"と同じ「動怒る」。"嘴唇（　）"が"气"の状態を説明する状態補語になっています。"嘴唇"について用いるのに意味から適当な④を選びます。

(9) 在去火车站的路上，她偶然（ 碰见 ）了一个老朋友。
(駅に行く途中，彼女はたまたま古い友人に出会った。)
❶ 碰见（動〔思いがけなく〕出くわす）
② 碰面（動顔を合わせる）
③ 碰巧（副折よく）
④ 碰头（動〔多く短時間〕顔を合わせる）

> 後に"了"がつく品詞と，"偶然"（副たまたま）と符合する意味から適当な①を選びます。

(10) 父母含辛茹苦(hánxīn-rúkǔ)地养育了我，我不能（ 辜负 ）父母的希望。
(両親は苦労して育ててくれたので，私は両親の期待に背くことはできない。)
① 背负（動負担する）
② 肩负（動担う）
③ 担负（動担う）
❹ 辜负（gūfù 動〔期待，好意などに〕背く）

> "含辛茹苦"の"茹"は"吃"という意味，全体で「成辛酸をなめる。つらい経験をする」。問題文の後半は前半の結果になっています。"希望"を目的語にとる意味から適当な④を選びます。②と③は同義語です。

第86回　解答と解説　[筆記]

39

4

500字程度の文章を読み，流れをつかんで適当な語句を補う4問，内容の理解を問う1問，日本語に訳す1問に答えます。語句の知識，読解力，日本語の翻訳力を問います。

((1)～(5)各2点，(6)各5点)

解答：(1)❶　(2)❹　(3)❸　(4)❶　(5)❸　(6)⇨ 43頁

　前两天我坐火车出差，一路看着窗外荒凉的冬日风景，实在无聊，想找个同行的旅客聊聊天，打发(dǎfa)时间。

　首先 (1)把 目光落在了坐在对面的小伙子身上，我们年龄差不多，应该有共同语言。(a)我正在考虑找个什么话题，只见那小伙子取出笔记本电脑开始上网了。看来小伙子要上网聊天了。

　坐在左边的是个姑娘，一直侧脸 (2)向 窗外看着。我想如果能跟佳人旅途相伴，聊聊天，也是很不错的。我清了清嗓子，用尽量绅士一些的语调说："你好，是不是没来过这里？"姑娘却丝毫没有反应。仔细一瞧， (3)原来 她在静静地听音乐，把整个车厢里的人都排斥在外了。

　我苦笑一下，扭头看斜对面的那个大爷(dàye)。(b)大爷面容慈祥，一看就是个老实人(lǎoshirén)，不由得让我想起了我的父亲。大爷觉察到我的目光一直盯着他，马上把手提包抱在怀里，有意避开了我的视线。我尴尬(gāngà)地站起身来。

　我穿过车厢，走到了两 (4)节 车厢的接头处。看见一个中年人在那里抽烟。我凑过去，掏出(tāochū)一支烟来，笑着说："大哥，借个火。"中年人犹豫了一下，掏出打火机递过来。我接过打火机把烟点着(diǎnzháo)，吸了一口，把打火机还给他，说："谢谢啊，大哥，您去哪儿？"

　中年人把还没有抽完的烟熄灭，说了一声："你接着抽，我回座位了。"

　他的这句话让我不知所措(cuò)，要想找个人聊聊天怎么这么难呢？这时候，一个八、九岁的阳光男孩出现在眼前："叔叔，请问您，车窗外那一排高大笔直的树是白杨树吗？"

前两天：数日前。この場合の"两"は"几"と同じ
侧脸：動 わきを見る
清嗓子：のどを調える。この場合の"清"は動詞で「清める」という意味
尽量绅士一些："绅士"は名詞だが，ここでは形容詞として用いられている
排斥在外：シャットアウトする

接头处：名つなぎ目の所
大哥：名この場合，自分と同年輩の男性に対する敬称
点着：動詞"点"（〔火を〕つける）+ 結果補語"着"（動〔火が〕つく）
不知所措：成どうしていいか分からない。"措"は「動処理する」
阳光：形（子供，若者が）活発である。快活である

訳：数日前，僕は列車で出張した。道中窓の外の荒涼とした冬景色を見ていて，全く退屈であった。僕は連れとなる旅客を見つけてちょっとおしゃべりをし，時間をつぶそうと思った。

　最初に向かい側に座っている若者に目をやると，僕たちは年齢がほぼ同じで，共通の話題があるはずだった。(a)僕が何か話題を探そうと考えながら，ふと見ると，その若者はノートパソコンを取り出してインターネットをやり始めた。若者はネットでチャットをしようとしているようだった。

　左側に座っているのは女の子で，ずっと顔を窓の外に向けて見ていた。僕は美人と道中いっしょになり，おしゃべりができるのもとてもよいと思った。僕はのどをちょっと調えて，できるだけ紳士っぽい語調で「こんにちは。こちらは初めてですか。」と言った。女の子はしかし少しも反応しなかった。よく見てみると，彼女は静かに音楽を聴いていて，車内の誰をもシャットアウトしていた。

　僕はちょっと苦笑いし，斜め前のおじいさんに顔を向けた。(b)おじいさんはやさしそうな顔つきで，一目で実直な人と分かったので，思わず僕は自分の父親を思い出した。おじいさんは僕の眼差しがずっと自分に向けられているのに気がついて，すぐにカバンを懐に抱え込み，わざと僕の視線を避けた。僕はばつが悪くなって立ち上がった。

　僕は車両を通り抜けて，デッキに行った。一人の中年の人がそこでタバコを吸っているのが目に入った。僕は近づいて行き，タバコを1本出して笑いながら「すみません。火を貸してください。」と言った。その中年の人は少しためらってから，ライターを出して渡してくれた。僕はライターを受け取ると，タバコに火を着け，一口吸ってからライターを彼に返し，「ありがとうございます，あなたはどちらへ行くのですか。」と聞いた。

　中年の人はまだ吸い終わっていないタバコを消すと，一言「君は吸っていたまえ，僕は席に戻ります。」と言った。

　彼の言葉を聞いて，僕はどうしていいか分からなくなった。誰かを見つけてちょっとおしゃべりをしようと思うと，こんなにも難しいとは！そのとき，8,9歳の活発そうな男の子が目の前に現れ，「おじさん，教えて。窓の外のあの

高くてまっすぐ伸びている並木はポプラの木なの？」と言った。

(1) 空欄補充

　　　　□目光落在了坐在対面的小伙子身上
　　（向かい側に座っている若者に目をやると）

- ❶ 把（介…を）
- ② 给（介…に。…のために）
- ③ 往（介…に向かって）
- ④ 被（介…に〔～される〕）

　　"落在了"の前にその動作・行為を受ける物である"目光"を出す①を選びます。

(2) 空欄補充

　　　　一直側脸□窗外看着（ずっと顔を窓の外に向けて見ていた）

- ① 沿（介…〔川, 道など〕に沿って）
- ② 靠（動寄りかかる。もたれる）
- ③ 从（介…から）
- ❹ 向（介…に向かって）

　　動作"看"の向かう対象"窗外"（窓の外）を導く介詞を選びます。

(3) 空欄補充

　　　　仔細一瞧，□她在静静地听音乐,把整个车厢里的人都排斥在外了（よく見てみると，彼女は静かに音楽を聴いていて，車内の誰をもシャットアウトしていた）

- ① 向来（副これまで。今までずっと）
- ② 由来（名原因）
- ❸ 原来（副なんと）
- ④ 素来（副もともと）

　　8行目"姑娘却丝毫没有反应。"（女の子はしかし少しも反応しなかった）の理由を述べているところで，状況に気づいたことを表す意味から適当な③を選びます。

42

(4) 空欄補充

両 ◻ 車廂的接头处（デッキ）

❶ 节（量車両，授業など，いくつかの区切りに分けられるものを数える）
② 台（量機械などを数える）
③ 件（量衣類，事柄などを数える）
④ 条（量細長いものを数える）

"车厢"（名車両）を数えるのに適当な①を選びます。

(5) 内容の一致

① 小伙子和我年龄差不多，他想上网和我聊天。（若者は僕と年齢がほぼ同じであったが，彼はインターネットで僕とチャットしたかった。）
② 姑娘听音乐是因为她不喜欢车厢里的旅客。（女の子が音楽を聴いていたのは，彼女が列車の旅行客が好きではなかったからだ。）
❸ 如今想和一个不认识的人聊天是很难的事。（今日では見知らぬ人とおしゃべりしたいと思っても，それはとても難しいことだ。）
④ 中年人突然想睡觉所以先回座位去了。
（中年の人は急に眠くなったので，先に席に戻って行った。）

3〜18行目で述べられた具体的な状況と19行目"要想找个人聊聊天怎么这么难呢？"（誰かを見つけてちょっとおしゃべりをしようと思うと，こんなにも難しいとは！）と合うので，③を選びます。

(6) 中文日訳

(a) 我正在考虑找个什么话题，只见那小伙子取出笔记本电脑开始上网了。
僕が何か話題を探そうと考えながら，ふと見ると，その若者はノートパソコンを取り出してインターネットをやり始めた。

"什么"はこの場合，不定の「何か」という意味。"只见"は文頭に置いて，後に目に入った光景を述べ，「ふと見ると，…」という意味になります。

(b) 大爷面容慈祥，一看就是个老实人，不由得让我想起了我的父亲。
おじいさんはやさしそうな顔つきで，一目で実直な人と分かったので，思わず僕は自分の父親を思い出した。

> "慈祥"は「形(お年寄りの表情・顔つき,態度が)やさしい」。"一看就是个老实人"は"一看就知道是个老实人"ということ。"不由得"は「副思わず」。

5　やや長めの文5題を中国語に訳します。日常で常用の語句,表現を用いて文を組み立てる能力を問います。　　　　　　　　　　　　　　(各4点)

(1) 大学に受かった知らせを聞くと,彼女は飛び上がるほど喜んだ。
听到考上大学的消息,她高兴得跳了起来。

> 「聞く」は"听"だけではなく,その動作に「聞き取れた」という結果があることを表す結果補語"到"を用います。「受かった」は「試験に合格した」を表す"考上"。「飛び上がるほど」は「喜んだ」状態を説明しているので,"跳了起来"を状態補語として"高兴"+"得"の後に置いて表します。「飛び上がる」は"跳起来了"でもかまいません。

(2) これよりもう少し安いのはありませんか。
没有比这个再便宜一点儿的吗？

> 「もう少し安い」をどう訳すかがポイント。比較して「少し…だ」は「形容詞+一点儿」。「もう少し…だ」にするには,「さらに」を表す副詞"再"をその前に置きます。全体を,反復疑問文を用い"有没有比这个再便宜一点儿的?"としてもかまいません。

(3) 自転車さえ買えないのに,まして車なんて。
连自行车都买不起,更不用说汽车了。

> 「…さえ～だ」は"连…都～"。「買えない」は,「経済的な負担能力があって堪えられる」という派生義をもつ方向補語"起"を用い,可能補語の否定形にした"买不起"。「まして…なんて」は,「まして…なんて言うまでもない」ということなので,"更不用说…了"という表現をよく用います。"更"はなくてもかまいません。"别说…了"という表現もあります。

(4) 彼らの要求はもっともだ。私たちには承諾しない理由はない。
他们的要求有道理,我们没有理由不答应。

44

> 「もっともだ」は"合理""理所当然"でもかまいません。「承諾しない理由はない」は「"没有理由"（理由はない）+"不答应"（承諾しない）」という順で表します。"不答应"が"理由"を説明しています。

(5) 私たち夫婦は共働きですから，先に家に帰ったほうが食事を作ります。
我们夫妻都工作，所以谁先回家谁做饭。

> 日本語の「夫婦」は中国語で"夫妻"，逆に「夫妻」は"夫妇"と訳されることが多く，ここでは"夫妻"を用います。「共働き」は，"双职工"という語もありますが，「どちらも働いている」と読み換えると"都工作"と訳せます。後半は同じ疑問詞を呼応させる表現を用いるのがポイントです。「誰かが先に家に帰れば，その誰かが食事を作ります」と考えます。

第87回
(2015年11月)

問題
　リスニング……………………………… 48
　筆　記…………………………………… 52
　　解答時間：計120分
　　配点：リスニング100点，筆記100点

解答と解説
　リスニング……………………………… 60
　筆　記…………………………………… 71

リスニング （⇨解答と解説60頁）

1. (1)〜(5)のAの発話に対するBの問いの答えとして最も適当なものを，それぞれ①〜④の中から1つ選び，その番号を解答欄にマークしなさい。　（25点）

(1)

　① 　② 　③ 　④

(2)

　① 　② 　③ 　④

(3)

　① 　② 　③ 　④

(4)

　① 　② 　③ 　④

(5)

　① 　② 　③ 　④

2. (6)～(10)のＡとＢの対話を聞き，Ｂの発話に続くＡのことばとして最も適当なものを，それぞれ①～④の中から１つ選び，その番号を解答欄にマークしなさい。

(25点)

(6)

① ② ③ ④

(7)

① ② ③ ④

(8)

① ② ③ ④

(9)

① ② ③ ④

(10)

① ② ③ ④

49

2 中国語を聞き，(1)〜(10)の問いの答えとして最も適当なものを，それぞれ①〜④の中から1つ選び，その番号を解答欄にマークしなさい。　　　　　(50点)

メモ欄

(1)
① ② ③ ④

(2)
① ② ③ ④

(3)
① ② ③ ④

(4)
① ② ③ ④

(5)
① ② ③ ④

50

メモ欄

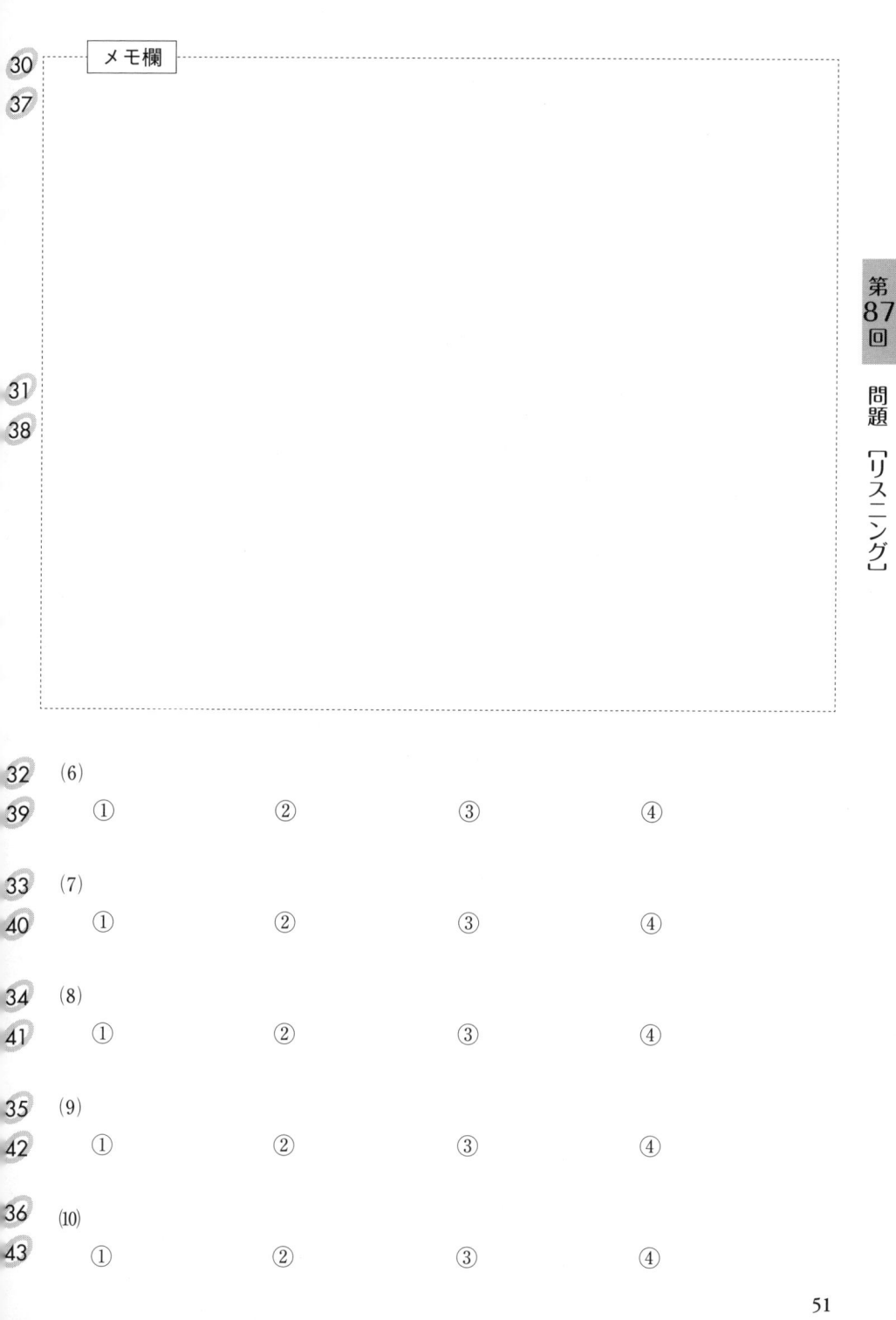

第87回 問題 〔リスニング〕

(6)
① ② ③ ④

(7)
① ② ③ ④

(8)
① ② ③ ④

(9)
① ② ③ ④

(10)
① ② ③ ④

筆記　（⇨解答と解説71頁）

1 次の文章を読み，(1)～(10)の問いの答えとして最も適当なものを，それぞれ①～④の中から1つ選び，その番号を解答欄にマークしなさい。　　　　　　　(20点)

　　妻子让丈夫去商店买柠檬。临出门时，妻子　(1)　叮嘱丈夫，要好好挑一挑，买个儿大的、新鲜的，一定不要把小的、烂的买回来。丈夫进了商店，直接来到摆放柠檬的摊位。猛地一看，所有的柠檬似乎都大同小异，　(2)　什么分别。想起妻子的嘱咐，丈夫还是仔细地挑选起来。
　　可是挑　(3)　挑　(3)　，丈夫眼前的柠檬开始发生了变化，刚才看上去还不错的那些柠檬，个头越来越小，颜色也越来越不好看，(4)仿佛快要烂了一样，总之是不合乎妻子的要求。正在(5)纳闷儿的丈夫无意中斜眼看了一眼自己的右边，发现右边也有一个柠檬摊儿，　(6)　也有一个男人在挑选柠檬，那个男人拿起来的个个都是既大又新鲜的柠檬。丈夫想等那个人一离开，就立刻到右边的摊位去挑柠檬。他　(7)　假装继续挑柠檬，　(7)　用眼角的余光盯着旁边的男人。
　　没想到的是，十几分钟过去了，那个男人还在那儿犹豫不定地翻来翻去。只见他拿起这个看看，放下了，拿起那个看看，又放下了。他手中的购物篮里始终是空空的，尽管他面前的柠檬个个都像是精挑细选出来的，特别诱人。
　　丈夫实在　(8)　了，他准备去教训教训旁边那个过分挑剔的男人。于是他朝那个男人转过身去，他发现那个男人　(9)　长得跟自己一模一样，仔细一看立在他右边的只是一面很大的镜子而已。原来，追求完美使他产生了严重的错觉。

(1) 空欄(1)を埋めるのに適当なものは，次のどれか。
　　① 一旦　　　② 一再　　　③ 一心　　　④ 一口

(2) 空欄(2)を埋めるのに適当なものは，次のどれか。
　　① 看不过　　② 看不上　　③ 看不来　　④ 看不出

(3) 2か所の空欄(3)を埋めるのに適当なものは，次のどれか。
　　① …过…过　② …了…了　③ …着…着　④ …的…的

(4) 下線部(4)の正しいピンイン表記は，次のどれか。
　　① fāngfú　　② fāngfó　　③ fǎngfú　　④ fǎngfó

(5) 下線部(5)の日本語の意味は，次のどれか。
　　① 心が定まらない。　　　② 腑に落ちない。
　　③ 落ち着かない。　　　　④ 心が晴れない。

(6) 空欄(6)を埋めるのに適当なものは，次のどれか。
　　① 恰好　　　② 恰当　　　③ 恰如　　　④ 恰似

(7) 2か所の空欄(7)を埋めるのに適当なものは，次のどれか。
　　① 一边…一边…　② 又…又…　③ 不但…而且…　④ 不是…而是…

(8) 空欄(8)を埋めるのに適当なものは，次のどれか。
　　① 无动于衷　② 旁若无人　③ 绝无仅有　④ 忍无可忍

(9) 空欄(9)を埋めるのに適当なものは，次のどれか。
　　① 果然　　　② 居然　　　③ 截然　　　④ 既然

(10) 本文の内容と一致するものは，次のどれか。
　　① 丈夫在商店遇到一个特别像自己的人。
　　② 商店里根本没有符合妻子要求的柠檬。
　　③ 丈夫挑了很长时间才挑到满意的柠檬。
　　④ 过分挑剔会让人丧失正常的判断能力。

2 1. (1)～(5)の中国語①～④の中から，正しいものを1つ選び，その番号を解答欄にマークしなさい。 (10点)

(1) ① 你打个电话给小李最好，明天确认出发一下的时间。
    ② 给小李你最好打个电话，确认明天出发的时间一下。
    ③ 你最好给小李打个电话，确认一下明天出发的时间。
    ④ 最好你打个电话给小李，明天出发的时间一下确认。

(2) ① 进入十月以后，凉快天气逐渐起来了。
    ② 进入十月以后，天气逐渐凉快起来了。
    ③ 十月进入以后，天气凉快逐渐起来了。
    ④ 十月进入以后，逐渐凉快天气起来了。

(3) ① 这几件衣服都不太理想，不是价钱贵就是样子老。
    ② 这几件衣服太不都理想，价钱不是贵样子就是老。
    ③ 这几件衣服太都不理想，样子不是老价钱就是贵。
    ④ 这几件衣服不都太理想，不是样子老价钱就是贵。

(4) ① 我打算把这幅画儿在卧室里挂，你看怎么样？
    ② 我在卧室里打算把这幅画儿挂，你看怎么样？
    ③ 我在卧室里把这幅画儿打算挂，你看怎么样？
    ④ 我打算把这幅画儿挂在卧室里，你看怎么样？

(5) ① 你的声音也太小了，我根本听不清楚你说什么。
    ② 你的声音一点儿小，我根本不听清楚你说什么。
    ③ 你的声音有点儿小，我根本不清楚听你什么说。
    ④ 你的声音小一点儿，我根本不听清楚你什么说。

2. (6)～(10)の中国語の下線を付した語句の意味として最も適当なものを，それぞれ①～④の中から1つ選び，その番号を解答欄にマークしなさい。　　　　（10点）

(6) 你放心，我们<u>有把握</u>找出解决问题的办法。
　　① 有时间　　② 有信心　　③ 有可能　　④ 有必要

(7) 我实在是<u>不甘心</u>冠军就这么被对手夺走了。
　　① 不情愿　　② 不得已　　③ 不在乎　　④ 不介意

(8) 听说公司今年给每个人的<u>津贴</u>比去年少了。
　　① 工资　　② 报销　　③ 奖金　　④ 补助

(9) 跟以前不同，人们对这种事情已经越来越<u>麻木</u>了。
　　① 没感觉　　② 没理解　　③ 不同意　　④ 不喜欢

(10) 李老师<u>一向</u>热心地帮助那些有困难的学生。
　　① 尽量　　② 总是　　③ 愿意　　④ 也许

3 (1)～(10)の中国語の空欄を埋めるのに最も適当なものを，それぞれ①～④の中から1つ選び，その番号を解答欄にマークしなさい。 (20点)

(1) 我妈妈最（　　　）的菜是麻婆豆腐。
　　① 动手　　　② 高手　　　③ 拿手　　　④ 能手

(2) （　　　）我小时候的伙伴儿竟然成了大明星。
　　① 没觉得　　② 没想出　　③ 没察觉　　④ 没想到

(3) 作者通过这部小说（　　　）了自己对社会现实的不满。
　　① 表达　　　② 表演　　　③ 表态　　　④ 表扬

(4) （　　　）是有经验的老师，解释得太清楚了！
　　① 到底　　　② 反正　　　③ 尽量　　　④ 既然

(5) 昨天的风实在太大了，路边的树都（　　　）刮倒了。
　　① 让　　　　② 叫　　　　③ 给　　　　④ 使

(6) 这个月的工作任务（　　　）不能按时完成了。
　　① 可怕　　　② 恐怕　　　③ 害怕　　　④ 哪怕

(7) 你连事情的经过都没（　　　）清楚，还说什么呀？
　　① 打发　　　② 打包　　　③ 打算　　　④ 打听

(8) （　　　）成功的希望非常小，但他还是在不断地努力。
　　① 不管　　　② 无论　　　③ 尽管　　　④ 比如

(9) 既然是商量，大家（　　　）说说各自的想法。
　　① 不顾　　　② 不妨　　　③ 不禁　　　④ 不仅

(10) 你这么说，（　　　）给孩子带来不必要的压力。
　　① 难免　　　② 免得　　　③ 难道　　　④ 只得

4 次の文章を読み，(1)～(5)の問いの答えとして最も適当なものを，それぞれ①～④の中から1つ選び，その番号を解答欄にマークしなさい。また，下線部(a)・(b)を日本語に訳し，解答欄(6)に書きなさい。

(20点)

"旧天堂"是一家二手书店。店主小田不太爱说话，只喜欢读书。他的理想是在城里开一个大型的二手书店，让每个来买书的人都能找到自己喜欢的书，让越来越多的人喜欢上读书。

为了满足顾客的不同需要，小田平时四处搜集各种书籍，所以他店里的书种类很齐全，有时 (1) 能找到一般大书店都没有的书。小田从来不 (2) 顾客讨价还价，遇到真正爱书的客人，他不仅以最低价格出售，另外赠送几本也是常事。小田店里的书，原本就比别的书店便宜得多，再加上这样的半卖半送，(a)这家小书店在坚持了十年之后，终于因交不起房租而被迫关门了。

以前的顾客知道这件事以后都很着急，他们一起想办法，要帮助小田渡过难关，让他把书店继续经营 (3) 。有几家旧书店听到"旧天堂"关门的消息后，表示(b)愿意一口气将三万本书全部买下，但由于给出的价格太低而没有成交。这件事通过媒体的报道，引起了广大市民的关注。许多市民前来挑选自己喜欢或需要的书籍，很快就有近两万本书被卖 (4) 了。最后，剩下的一万多本书，被一位神秘的男子全部买走了。他说："书没有什么时髦或过时，无论新旧，每一本书都有它的价值，也一定会有适合它的读者。小田是个有理想的人，我愿意帮他实现自己的理想，也 (5) 所有坚持理想的人。"

(1) 空欄(1)を埋めるのに適当なものは，次のどれか。
　① 甚至　　② 毕竟　　③ 究竟　　④ 特意

(2) 空欄(2)を埋めるのに適当なものは，次のどれか。
　① 给　　② 对　　③ 向　　④ 跟

(3) 空欄(3)を埋めるのに適当なものは，次のどれか。
　① 下来　　② 下去　　③ 过去　　④ 过来

57

(4) 空欄(4)を埋めるのに適当なものは，次のどれか。

① 走　　　　② 去　　　　③ 掉　　　　④ 好

(5) 空欄(5)を埋めるのに適当なものは，次のどれか。

① 祝福　　　② 庆祝　　　③ 祝贺　　　④ 庆幸

(6) 下線部(a)・(b)を日本語に訳しなさい。

5　(1)～(5)の日本語を中国語に訳し，解答欄に書きなさい。　　　(20点)

(1) わたしはどうしてもあの人の名前を覚えられない。

(2) 今年の冬は去年の冬に比べて，ずっと寒い。

(3) さすがブランド品だ，一生使っても大丈夫ですね。

(4) このような選択をせざるを得なかった。

(5) まだそれほど食べないうちに，料理はもうなくなってしまった。

リスニング （⇨問題48頁）

1

解答：(1)❹　(2)❸　(3)❷　(4)❶　(5)❷　(6)❶　(7)❹　(8)❷　(9)❸　(10)❶

1．Ａの発話に対するＢの問いの答えを選びます。日常会話の一言を聞き取り，すばやく状況をつかむ能力を問います。　　　　　　　　　　　　　　　　（各5点）

04 (1) **A**：黄金周我计划去东京玩儿几天。
（ゴールデンウィークは東京へ何日か遊びに行く予定です。）
B：说话人准备什么时候去东京？（話し手はいつ東京に行くつもりか。）
　① 暑假期间。（夏休み中。）
　② 圣诞节前。（クリスマス前。）
　③ 明年冬天。（来年の冬。）
　❹ 十一前后。（国慶節前後。）

　"黄金周"（图ゴールデンウィーク）は日本語にならった言い方で，国慶節や春節の休暇といった法定休日を含んだ1週間ほどの連休を指します。④の"十一"は「10月1日」，つまり中華人民共和国の建国記念日である「国慶節」を指します。

05 (2) **A**：你不觉得小王说得有道理吗？
（王さんの話は筋が通っていると思いませんか。）
B：说话人的意思是：（話し手が言っている意味は？）
　① 他不觉得小王的话是对的。
　　（彼は王さんの話は正しいと思っていない。）
　② 他觉得小王的话是不对的。
　　（彼は王さんの話は正しくないと思っている。）
　❸ 他认为小王的话是正确的。
　　（彼は王さんの話は正しいと見なしている。）
　④ 他认为小王的话是错误的。
　　（彼は王さんの話は間違っていると見なしている。）

　"你不觉得…吗？"は，「自分は…と思うけれど，あなたもそう思わない？」と同意を求める言い方です。Ａは"有道理"（筋が通っている）と

思っているということなので，③を選びます。

06 (3) A：飞机比新干线贵不了多少。
（飛行機は新幹線よりいくらも〔運賃が〕高くない。）
B：说话人的意思是：（話し手が言っている意味は？）
① 飞机比新干线便宜一点儿。
（飛行機は新幹線より少し〔運賃が〕安い。）
❷ 飞机比新干线稍贵一点儿。
（飛行機は新幹線より少し〔運賃が〕高い。）
③ 飞机比新干线稍快一点儿。（飛行機は新幹線より少し速い。）
④ 飞机比新干线方便一点儿。（飛行機は新幹線より少し便利だ。）

"贵不了"は「好ましくない意味を表す形容詞＋"不了"」のかたちで，そのような状態にはなり得ないことを，"多少"はここでは不定の量を表し，"贵不了多少"で「いくらも高くなりえない」という意味になります。これは「少しは高い」ということを前提としたことばであり，②を選びます。

07 (4) A：你介绍的那本书，我好容易才找到。
（あなたが紹介してくれた本，やっとのことで見つけました。）
B：说话人的意思是：（話し手が言っている意味は？）
❶ 费了好大的劲儿才找到。
（とても大きな労力を費やしてやっと見つけた。）
② 没费什么劲儿就找到了。（何の労力も費やさずに見つけた。）
③ 费了好大劲儿还没找到。
（とても大きな労力を費やしたのにまだ見つかっていない。）
④ 费劲儿也不一定能找到。
（労力を費やしたとしても必ずしも見つかるとはかぎらない。）

"好容易"は"不"を用いた"好不容易"と同じで「副やっとのことで」，同様に「副やっと」を表す"才"とよくいっしょに用いられます。①〜④の"费劲儿"は「動労力を費やす。苦労する」という意味の離合詞。

08 (5) A：我每天都开夜车学到很晚。（私は毎日夜遅くまで勉強している。）
B：说话人的意思是：（話し手が言っている意味は？）

① 我每天晚上开车去学习。(毎晩車で勉強しに行っている。)
❷ 我每天都要学习到深夜。(毎日深夜まで勉強しなければいけない。)
③ 我每天深夜才开始学习。(毎日深夜にようやく勉強し始める。)
④ 我每天晚上去练习开车。(毎晩車の運転を練習しに行っている。)

> "开夜车"は「時間を惜しんで夜中も勉強や仕事を続ける」。

2. AとBの対話に続くAのことばを選びます。日常会話の短い対話を聞き取り、すばやく状況をつかんで反応する能力を問います。　　　　　　　　(各5点)

10 (6) **A**：明天是你的生日，我准备送你一份礼物。
(明日はあなたのお誕生日なので，プレゼントするつもりです。)

B：谢谢你还记得，不过礼物就不必买了。
(覚えていてくれてありがとう。でも，プレゼントを買う必要はありません。)

A：❶ 你别客气，这是我的一点儿心意。
(遠慮しないで，私からのほんの気持ちですから。)

② 你记错了，我的生日不是明天。
(違いますよ，私の誕生日は明日ではありません。)

③ 过生日的时候一般吃生日蛋糕。
(誕生日を祝うとき，よくケーキを食べます。)

④ 我不知道你的生日是几月几号。
(あなたの誕生日が何月何日なのか知りません。)

> 誕生日プレゼントを贈ると言うAに，Bは"不过礼物就不必买了"(プレゼントを買う必要はありません)と遠慮しています。この話の流れを受けるには，Bの遠慮を取り除くことを言う①を選びます。

11 (7) **A**：为了写这篇论文，我整整一个星期没出门。
(この論文を書くために，まるまる1週間外出していません。)

B：那怎么行？咱们去公园散散步吧。
(それはいけませんね。公園にちょっと散歩でもしに行きましょう。)

A：① 每年四月，樱花都开得非常漂亮。
(毎年4月は，桜がとても美しく咲いています。)

② 我们以前住的地方离公园非常近。
(私たちが以前住んでいた所は公園からとても近かった。)

③ 我姐姐每天晚饭后都去公园散步。

62

(私の姉は毎日夕食後公園へ散歩に行きます。)

❹ 我换件衣服，你等我一会儿，好吗？

(服を着替えるので，しばらく待ってもらってもいいですか。)

> 1週間も外出していないというAを心配して，Bは公園への散歩に誘っています。それに対する同意の返答を表すことになっている④を選びます。

12 (8) A：我那么信任他，他却骗了我，太不像话了。

(あんなに彼を信用したのに，私をだますなんて，全く話にならないわ。)

B：我早就提醒过你，可惜你不听。(私は早くからあなたに注意していたのに，残念ながら，あなたは言うことを聞かないから。)

A：① 你别说了，幸亏听你的了。

(もう言わないで，あなたの言うことを聞いてよかったです。)

❷ 你别说了，我也正后悔呢。

(もう言わないで，自分でも後悔していますから。)

③ 你说得对，我不应该后悔。

(あなたの言うとおり，私は後悔すべきではないですね。)

④ 你怎么能说我欺骗你了呢？

(なぜ私があなたをだましたなどと言えるのですか。)

> BはAのため，「早くから注意していたのに」と，またAが言うことを聞かないのを「残念に思っていた」と，悔しがっています。今，Aがそれに応えられるのは，自分の不明を認める②のことばです。

13 (9) A：听说日本的大学里有很多学生社团。

(日本の大学には学生サークルがたくさんあるそうですね。)

B：对，大学生都会加入自己喜欢的社团。

(はい，大学生は皆自分の好きなサークルに入ります。)

A：① 日本的大学生经常参加社会活动。

(日本の大学生はよく社会活動に参加しています。)

② 中国的大学生多数都住在宿舍里。

(中国の大学生の多くが寮に住んでいます。)

❸ 那他们的课余生活一定很丰富喽。

(では，彼らの課外生活はきっと充実しているのでしょうね。)

④ 大学小卖部里的商品种类很齐全。
（大学の購買部の商品は品揃えが充実しています。）

> "社団"は「图サークル」。日本の大学生は皆，たくさんあるサークルの中から自分の好きなサークルを選んで入ると知ったAが感じることとして適当な③を選びます。③の語気助詞"喽"は，ここでは推測を表しています。④の"齐全"は「图そろっている。充実している」。

14 (10) A：昨天的小测验太难了，很多人都不及格。
（昨日の小テストは難しすぎて，多くの人が不合格でした。）
B：我听说有可能过几天重考一次。
（何日か後に再試験をするかもしれないそうですね。）
A：❶ 但愿下次的题能容易一点儿。
（今度の問題は少し簡単だったらいいのですが。）
② 期末考试的平均成绩不太高。
（期末試験の平均点はあまり高くありません。）
③ 是啊，昨天大家的成绩都很好。
（そうなんですよ，昨日の皆の成績はとてもよかったです。）
④ 张老师教我们一年多汉语了。
（張先生は私たちに中国語を1年余り教えています。）

> Aの"测验"は「图テスト」，"小测验"で「小テスト」。Bの"重考"は「動再試験する」。この流れを受け，次の"小测验"について述べる①を選びます。"但愿"は「願わくは…であってほしい」，"题"は「图問題」。

2 500字程度の2つの文章を聞き，内容についての問い5問ずつに答えます。ポイントとなる内容を聞き取り，全体の趣旨をつかむ能力を問います。

（各5点）

解答：(1)❹ (2)❸ (3)❸ (4)❶ (5)❷ (6)❸ (7)❹ (8)❷ (9)❶ (10)❷

(1)～(5)の中国語

16 　　小刘老家是西安，18岁的时候考进了广州的一所大学，大学毕业后，他又去北京读了三年硕士（shuòshì）研究生，研究生毕业后他当（dāng）上了公务员，在上海市政府工作了七年。

今年年初，经过再三考虑，小刘决定辞职。说起辞职的原因，小刘说，在政府机关工作的这几年，自己工作一直积极努力，从来没有出过什么差错(chācuò)。可以说，是比较顺利的。但是，几年下来，也没有什么进步，不仅职务没有变化，工资也没有涨（zhǎng）过，工作内容也与刚来时差不多。而自己的同学在大学毕业后的十年里，都有了不小的进步。有的当上了企业的高级管理人员，有的成了著名律师，有的已经是骨干（gǔgàn）教师了。

总之都很成功，只有自己还停留在原地。与同学们相比，自己简直就是一个失败者。看到比自己早进机关的那些同事，小刘好像也看到了自己的未来。他不甘心就这样下去，于是，下决心放弃"铁饭碗"，换一个能充分发挥自己才能的工作，让自己的人生更丰富一些。

听说小刘决定辞职，他的上司感到非常遗憾，希望他再好好儿考虑考虑；他的父母更是强烈反对；只有他的妻子表示理解和支持。小刘辞职四个月后，就创办了自己的公司，主要从事法律咨询（zīxún）工作，现在小刘每天都很忙，也很愉快。

硕士：名 修士
差错：名 ミス。過り
涨：動 （物価など金額が）上がる
骨干：名 中堅。集団の中で主な作用を起こす人や事物

訳：劉さんは実家が西安で，18歳のときに広州の大学に入学した。大学卒業後は北京で3年間修士課程に在籍し，大学院修了後は公務員になり，上海市役所で7年間仕事をした。

今年初め，何度も考えた末に劉さんは辞職を決意した。辞職の理由はといえば，劉さんによれば，役所の機関で働いたこの数年間はずっと積極的に努力し，何のミスも犯さず，まずまず順調だったと言える。しかし，何年続けても，何の進歩もなく，職務に変化がないだけでなく給料も上がったことがなく，仕事の内容も来たばかりのときとほとんど変わらない。それなのに，同級生は大学卒業後の10年間で，皆少なからず進歩があった。企業の部長に昇進した者もいれば，有名な弁護士になった者や，すでに中堅の教師となっている者もいる。

要するに，皆が成功しているのに，自分だけが元のまま止まっているというわけだ。同級生と比べて，自分は全くの敗北者だ。自分より早く役所に入った同僚を見ると，劉さんは自分の未来を見るかのようだった。彼はこのまま続けていくのをよしとせず，そこで，「鉄のごはん茶碗」を捨てて，自分の能力を十分に発揮することのできる仕事に転職し，人生をより豊かにしようと決心した。

劉さんが辞職を決意したと聞き，彼の上司はたいへん残念に思い，もう一度よく考えてみるようにと願った。彼の両親はもっと強く反対した。ただ妻だけは理解を示し応援してくれた。劉さんは辞職して4か月後に，法律コンサルタント業務を主とする自分の会社を興し，今は毎日がとても忙しく，また楽しくもある。

⑱ (1) 問：小刘的故乡在什么地方？（劉さんの故郷はどこか。）
　　　答：① 上海。（上海。）
　　　　　② 广州。（広州。）
　　　　　③ 北京。（北京。）
　　　　　❹ 西安。（西安。）

　　　1行目"小刘老家是西安"（劉さんは実家が西安で）から，④を選びます。

⑲ (2) 問：小刘在原来的单位工作了多长时间？
　　　　　（劉さんは元の職場でどのくらいの期間働いたか。）
　　　答：① 四个月。（4か月間。）
　　　　　② 三年。（3年間。）
　　　　　❸ 七年。（7年間。）
　　　　　④ 十年。（10年間。）

　　　3行目"在上海市政府工作了七年"（上海市役所で7年間仕事をした）から，③を選びます。

⑳ (3) 問：小刘辞职的主要原因是什么？（劉さんの辞職の主な理由は何か。）
　　　　① 政府机关的工作太累。（役所での仕事が大変すぎる。）
　　　　② 跟同事们的关系不好。（同僚たちとの関係がよくない。）
　　　　❸ 不能发挥自己的才能。（自分の能力を発揮することができない。）
　　　　④ 工作出了严重的错误。（仕事で重大なミスを犯した。）

　　　4～13行目"说起辞职的原因…让自己的人生更丰富一些"（辞職の理由はといえば…人生をより豊かにしようと決心した）で辞職の理由が，特に10行目"总之"（要するに）以降，整理されて述べられています。さらに12行目"换一个能充分发挥自己才能的工作"（自分の能力を十分に発揮することのできる仕事に転職し）から転職の理由の核心が分かり，③を選びます。

66

21 (4) 問：坚决不赞成小刘辞职的是什么人？
（劉さんの辞職に断固反対したのは誰か。）
答：❶ 小刘的父母。（劉さんの両親。）
② 小刘的妻子。（劉さんの妻。）
③ 小刘的领导。（劉さんの上司。）
④ 小刘的同学。（劉さんの同級生。）

> "坚决"は「形（態度，主張，行動などが）断固としている」。14行目 "听说小刘决定辞职，他的上司感到非常遗憾，希望他再好好儿考虑考虑；他的父母更是强烈反对；只有他的妻子表示理解和支持"（劉さんが辞職を決意したと聞き，彼の上司はたいへん残念に思い，もう一度よく考えてみるようにと願った。彼の両親はもっと強く反対した。ただ妻だけは理解を示し応援してくれた）から，①③が反対したことが分かり，"强烈"（形強硬である。激しい）という態度から，①を選びます。

22 (5) 問：小刘现在是什么身份？ （劉さんは今どのような身分か。）
答：① 机关干部。（役所の幹部。）
❷ 公司老板。（会社経営者。）
③ 著名律师。（有名弁護士。）
④ 大学教授。（大学教授。）

> 15行目 "小刘…创办了自己的公司"（劉さんは…自分の会社を興し）から，②を選びます。

(6)～(10)の中国語

30　　美国一家汽车公司开发了一种性能优越的汽车，不过，公司领导对车的外观风格有两种不同的意见。有人觉得应该采用优美的外形，有人则认为豪放 (háofàng) 的外形更有市场。于是，公司总经理决定听听一般消费者的意见。公司派出职员上街做调查，请来往的行人根据自己的喜好 (xǐhào) 评价 A、B 两种外观。两种外观的满分都是 10 分。

　　调查结果是，A 种外观的平均得分是 7.5 分，B 种外观的平均得分是 5 分。总经理决定新车采用平均分为 5 分的 B 种外观。理由是：有很多人给它打了 9 分或 10 分，同时也有不少人给它打了 1 分或 0 分。这表明有的人疯狂 (fēngkuáng) 地喜欢它，有的人极端讨厌它；而平均分为 7.5 分的 A 种外观，

几乎所有人都打了7分或者8分，这说明很少有人讨厌它，但也没有人对它特别有激情。现在的汽车市场已经接近饱和(bǎohé)，所以，只有狂热的少数人才有可能购买新型汽车。

㉛　不久，这家汽车公司按照"为少数人而开发新产品"的思路，推出了豪放型的新车。结果，新车刚一上市就受到一部分人的热烈欢迎，很快就都卖完了。

　　这家汽车公司的成功给了其他企业一个启示(qǐshì)，就是：推出新产品时，少数人的热烈支持比多数人的满意更重要。因为，满意也仅仅是喜欢而已，而少数热烈支持的人却一定有强烈的购买欲望，而后者正是新产品取得成功的关键。

　有市场：マーケットがある。売れる
　喜好：[動]好む。ここでは「好み」という意味の名詞として用いられている
訳：アメリカのある自動車会社は性能の優れた自動車を開発したが，会社の上層部には車の外観特徴について二つの異なる意見があった。ある人は，エレガントな外見を採用すべきだと感じ，ある人はダイナミックな外見がより売れると考えた。そこで，社長は一般消費者の意見を聞いてみることに決めた。会社は社員を街頭調査に送り出し，通行人に自分の好みに応じてＡ，Ｂ両タイプの外観に点数をつけてもらった。ともに満点は10点だ。
　調査結果は，Ａタイプの外観の平均得点は7.5点で，Ｂタイプの外観の平均得点は5点だった。社長は，新車には平均点が5点のＢタイプの外観を採用すると決定した。理由は，多くの人がＢタイプに9点あるいは10点をつけ，同時に少なからぬ人が1点あるいは0点をつけていたからだ。これは，このタイプを熱狂的に愛する人もいれば，極端に嫌う人もいるということであり，平均点が7.5点のＡタイプの外観は，ほとんどの人が7点あるいは8点をつけており，これは嫌う人がとても少ないということを意味しているが，特に強い感情をもつ人がいないということでもある。現在の自動車市場はすでに飽和状態に近づいており，そのため，熱狂的な少数の人しか新型車を購入する可能性がないのだ。
　ほどなく，この自動車会社は「少数の人のために新製品を開発する」という構想のもと，ダイナミックタイプの新車を打ち出した。その結果，新車は発売されるや一部の人に熱烈に支持され，すぐに完売した。
　この自動車会社の成功は他の企業にひとつのヒントを与えた。つまり，新製品を打ち出すときは，少数の熱烈な支持が多数の満足より重要だ，ということ

だ。なぜなら，満足といっても単に好きだということに過ぎないが，少数の熱烈に支持する人には必ず強烈な購買意欲があるものであり，後者がまさに新製品が成功を手に入れる鍵だからだ。

32 (6) 問：公司领导在哪个问题上意见不同？
（会社の上層部はどの問題において意見が異なっているか。）
答：① 在新型汽车的性能上。（新型車の性能において。）
② 在新型汽车的价格上。（新型車の価格において。）
❸ 在新型汽车的外形上。（新型車の外見において。）
④ 在新型汽车的颜色上。（新型車の色において。）

　　1行目"公司领导对车的外观风格有两种不同的意见"（会社の上層部には車の外観特徴について二つの異なる意見があった）から，③を選びます。

33 (7) 問：新型汽车的调查对象是什么人？（新型車の調査対象はどのような人か。）
答：① 其他的企业。（他の企業。）
② 公司的领导。（会社の上層部。）
③ 公司的职员。（会社の社員。）
❹ 一般消费者。（一般消費者。）

　　3行目"公司总经理决定听听一般消费者的意见。公司派出职员上街做调查，请来往的行人根据自己的喜好评价A、B两种外观"（社長は一般消費者の意見を聞いてみることに決めた。会社は社員を街頭調査に送り出し，通行人に自分の好みに応じてA, B両タイプの外観に点数をつけてもらった）から，④を選びます。

34 (8) 問：A种外观的平均得分是多少？（Aタイプの外観の平均得点は何点か。）
答：① 5分。（5点。）
❷ 7.5分。（7.5点。）
③ 8分。（8点。）
④ 10分。（10点。）

　　6行目"A种外观的平均得分是7.5分"（Aタイプの外観の平均得点は7.5点）から，②を選びます。

35 (9) 問：公司采用B种外观的理由是什么？
（会社がBタイプの外観を採用した理由は何か。）

答：❶ 因为有人给 B 种外观打了满分。
　　　（Bタイプの外観に満点をつけた人がいたから。）
　　② 因为平均得分比 A 种外观高。
　　　（平均得点がAタイプの外観より高かったから。）
　　③ 因为多数人不讨厌 B 种外观。
　　　（Bタイプの外観を嫌いではない人が多数だったから。）
　　④ 因为总经理最喜欢 B 种外观。
　　　（社長がBタイプの外観が最も好きだったから。）

> 　　5行目"满分都是10分"（ともに満点は10点だ）と7行目"理由是：有很多人给它打了9分或10分"（理由は，多くの人がBタイプに9点あるいは10点をつけ）から①を選びますが，その「理由」は，Aタイプの得点状況との相対性，また11行目"只有狂热的少数人才有可能购买新型汽车"（熱狂的な少数の人しか新型車を購入する可能性がない）という市場の状況と結び付いています。

36 ⑽ 問：这家公司开发新产品的原则是什么？
　　　（この会社が新製品を開発する基準は何か。）
　　答：① 让大多数消费者满意。（大多数の消費者を満足させる。）
　　　❷ 为少数人开发新产品。（少数の人のために新製品を開発する。）
　　　③ 一次推出两种新产品。（同時に2種類の新製品を打ち出す。）
　　　④ 为其他企业提供经验。（他の企業のために経験を提供する。）

> 　　13行目"这家汽车公司按照'为少数人而开发新产品'的思路，推出了豪放型的新车"（この自動車会社は「少数の人のために新製品を開発する」という構想のもと，ダイナミックタイプの新車を打ち出した）から，②を選びます。

筆 記　（⇨問題52頁）

1　600字程度の文章を読み，流れをつかんで適当な語句を補う7問，正しいピンインを選ぶ1問，正しい意味を選ぶ1問，内容の理解を問う1問に答えます。語句の知識と読解力を問います。　　　　　　　　　　　　　（各2点）

解答：(1)❷　(2)❹　(3)❸　(4)❸　(5)❷　(6)❶　(7)❶　(8)❹　(9)❷　(10)❹

　　妻子让丈夫去商店买柠檬。临出门时，妻子 [(1)一再] 叮嘱(dīngzhǔ)丈夫，要好好挑一挑，买个儿(gèr)大的、新鲜的，一定不要把小的、烂的买回来。丈夫进了商店，直接来到摆放柠檬的摊位。猛地一看，所有的柠檬似乎都大同小异，[(2)看不出] 什么分别。想起妻子的嘱咐(zhǔfu)，丈夫还是仔细地挑选起来。

　　可是挑 [(3)着] 挑 [(3)着] ，丈夫眼前的柠檬开始发生了变化，刚才看上去还不错的那些柠檬，个头越来越小，颜色也越来越不好看，(4)仿佛 fǎngfú 快要烂了一样，总之是不合乎妻子的要求。正在(5)纳闷儿的丈夫无意中斜眼看了一眼自己的右边，发现右边也有一个柠檬摊儿，[(6)恰好] 也有一个男人在挑选柠檬，那个男人拿起来的个个都是既大又新鲜的柠檬。丈夫想等那个人一离开，就立刻到右边的摊位去挑柠檬。他 [(7)一边] 假装继续挑柠檬，[(7)一边] 用眼角的余光盯着旁边的男人。

　　没想到的是，十几分钟过去了，那个男人还在那儿犹豫不定地翻来翻去。只见他拿起这个看看，放下了，拿起那个看看，又放下了。他手中的购物篮里始终是空空的，尽管他面前的柠檬个个都像是精挑细选出来的，特别诱人。

　　丈夫实在 [(8)忍无可忍] 了，他准备去教训教训旁边那个过分挑剔(tiāoti)的男人。于是他朝那个男人转过身去，他发现那个男人 [(9)居然] 长得跟自己一模一样，仔细一看立在他右边的只是一面很大的镜子而已。原来，追求完美使他产生了严重的错觉。

个儿：名 大きさ
斜眼：動 横目で見る
挑剔：動 けちをつける。あらを探す

訳：妻が夫に店にレモンを買いに行ってほしいと言った。出がけに，妻は夫に，ちゃんと選んで，大きくて新鮮なものを買い，絶対に小さくて傷んだのを買っ

て来ないで，と何度も念押しした。夫は店に入ると，まっすぐレモンを並べた棚に来た。ざっと見たところ，どのレモンも似たようなもので，何の違いも見いだせない。妻の言いつけを思い出し，夫はやはり丁寧に選び始めた。

しかし，選り分けているうちに，夫の目の前のレモンに変化が生じ始め，先ほどは見たところまずまずだったレモンが，大きさはますます小さく，色もますます悪くなってきて，まるで腐りかけているかのようで，要するに妻の要求には合わなくなっている。腑に落ちない夫が無意識にちらっと自分の右側に目をやると，右側にもレモンの棚があるのに気づいた。ちょうどやはり一人の男性がレモンを選んでいるところで，その男性が手にしたレモンはどれも大きく新鮮なレモンだ。夫は，あの人が行ったらすぐに右側の棚にレモンを選びに行こうと思った。彼は，レモンを選び続けるふりをしながら，傍らの男性を目の端でじっと見ていた。

思いもよらなかったことに，十数分が過ぎても，その男性はまだそこで迷いながらレモンを繰り返し選んでいる。彼は，一つ取って見ては棚に戻し，また取って見ては棚に戻しているだけだ。目の前のレモンがどれも厳選されたようでたいへん引きつけられるにもかかわらず，彼の買い物カゴはいつまでたっても空っぽのままだった。

夫は，本当にそれ以上我慢ができなくなり，傍らのその選り好みし過ぎる男性にちょっと文句を言ってやろうとした。そこで，その男性の方に体を向けると，彼はその男性がなんと自分にうり二つだということに気づき，よく見ると彼の右側に立っているのは大きな1枚の鏡に過ぎなかった。完璧を求めることで，彼は強い錯覚に陥ったというわけだった。

(1) 空欄補充

妻子 ____ 叮嘱丈夫，要好好挑一挑，买个儿大的、新鲜的，一定不要把小的、烂的买回来（妻は夫に，ちゃんと選んで，大きくて新鮮なものを買い，絶対に小さくて傷んだのを買って来ないで，と何度も念押しした）

① 一旦（副いったん）

❷ 一再（副何度も）

③ 一心（副一心に）

④ 一口（副きっぱりと）

> "叮嘱"は「動繰り返し言い含める」。"好好挑一挑"（ちゃんと選んで）と"买个儿大的、新鲜的"（大きくて新鮮なものを買い）と"不要把小的、烂的买回来"（小さくて傷んだのを買って来ない）は同じことを言ってい

ます。この状況に合う意味から適当な②を選びます。

(2) 空欄補充

所有的柠檬似乎都大同小异，□什么分别

（どのレモンも似たようなもので，何の違いも見いだせない）

① 看不过（見過ごせない）
② 看不上（気に入らない）
③ 看不来（見ても分からない）
❹ 看不出（見いだせない）

"大同小异"は「國大部分が同じで，小さな部分だけが異なる」。そうであれば，"分别"（图違い）について目で見てどうかを考え，"看不"の後につく方向補語による意味の違いを見極め，④を選びます。

(3) 空欄補充

挑□挑□，丈夫眼前的柠檬开始发生了变化…个头越来越小，颜色也越来越不好看（選り分けているうちに，夫の目の前のレモンに変化が生じ始め…大きさはますます小さく，色もますます悪くなってきて）

① …过…过
② …了…了
❸ …着…着
④ …的…的

「動詞+"着"+同じ動詞+"着"」で，その動作・行為が進行中に別の動作や状況が起こることを述べるので，③を選びます。

(4) ピンイン表記

仿佛

① fāngfú
② fāngfó
❸ fǎngfú
④ fǎngfó

「副あたかも。まるで」。"彷彿"とも書きます。「動似ている」の用法もあり"他们两个人相仿佛"（彼ら二人は互いに似ている）のように用いられます。"佛"は"佛门"や"佛像"の場合は fó と読みます。

73

(5) 意味の一致

納悶儿

① 心が定まらない。

❷ 腑に落ちない。

③ 落ち着かない。

④ 心が晴れない。

> 話し言葉で，離合詞です。

(6) 空欄補充

　　☐也有一个男人在挑选柠檬

（ちょうどやはり一人の男性がレモンを選んでいるところ）

❶ 恰好（副ちょうど）

② 恰当（形適切である）

③ 恰如（動あたかも…のようだ）

④ 恰似（動あたかも…のようだ）

> 動作・行為の進行を表す"在"（副…している）と意味的に符合し，副詞"也"の前に入る品詞からも適当な①を選びます。

(7) 空欄補充

他☐假装继续挑柠檬，☐用眼角的余光盯着旁边的男人（彼は，レモンを選び続けるふりをしながら，傍らの男性を目の端でじっと見ていた）

❶ 一边…一边…（…しながら…する）

② 又…又…（…でもあれば…でもある）

③ 不但…而且…（…だけでなく，しかも…）

④ 不是…而是…（…ではなく…だ）

> "他"を主語とする二つの動作"假装继续挑柠檬"（レモンを選び続けるふりをする）と"用眼角的余光盯着旁边的男人"（傍らの男性を目の端でじっと見ている）の関係を考え，連用して動作の同時進行を表す①を選びます。

(8) 空欄補充

丈夫实在☐了，他准备去教训教训旁边那个过分挑剔的男人（夫は，本当にそれ以上我慢ができなくなり，傍らのその選り好みし過ぎる男性にちょっと文句を言ってやろうとした）

① 无动于衷（國全く心を動かされない）
② 旁若无人（國傍若無人である。人前をはばからず勝手気ままにふるまう）
③ 绝无仅有（國極めて少ない）
❹ 忍无可忍（國忍ぶに忍べない。我慢できない）

> "实在□了"という極まった状況になったことにより，"准备去教训教训"（ちょっと文句を言ってやろうとした）という思い切った行動に向かわせる状況とはどのようなものかを考え，意味から適当な④を選びます。

(9) 空欄補充

他发现那个男人□长得跟自己一模一样
（彼はその男性がなんと自分にうり二つだということに気づき）

① 果然（副果たして。やはり）
❷ 居然（副なんと）
③ 截然（jiérán 副明らかに）
④ 既然（接…である以上）

> "那个男人长得跟自己一模一样"（その男が自分にうり二つだ）ということに気づいたときの状況に合う意味から適当な②を選びます。

(10) 内容の一致

① 丈夫在商店遇到一个特别像自己的人。
（夫は店で自分に非常によく似た人に出会った。）
② 商店里根本没有符合妻子要求的柠檬。
（店には妻の要求に見合ったレモンは全くなかった。）
③ 丈夫挑了很长时间才挑到满意的柠檬。
（夫は長時間選んでやっと満足のいくレモンを選び出した。）
❹ 过分挑剔会让人丧失（sàngshī）正常的判断能力。
（極度の選り好みは人の正常な判断能力を失わせる。）

> 18行目"追求完美使他产生了严重的错觉"の"追求完美"（完璧を求めること），"使他产生了严重的错觉"（彼は強い錯覚に陥った）は，それぞれ④の"过分挑剔"（極度の選り好み），"让人丧失正常的判断能力"（人の正常な判断能力を失わせる）と同様のことを言っています。「彼」は，レモンがよくないものに見えてきただけでなく，鏡に映った自分を他人

と思うという二つの錯覚をしています。

2

解答：(1)❸ (2)❷ (3)❶ (4)❹ (5)❶ (6)❷ (7)❶ (8)❹ (9)❶ (10)❷

1. 正しい文を選びます。語順や語句の用法の理解を問います。 （各2点）

(1) ① 你打个电话给小李最好，明天确认出发一下的时间。
　　② 给小李你最好打个电话，确认明天出发的时间一下。
　　❸ 你最好给小李打个电话，确认一下明天出发的时间。
　　　（李さんに電話して，明日の出発時間を確認してみるのがいいですよ。）
　　④ 最好你打个电话给小李，明天出发的时间一下确认。

> 前半の意味を，用いられている語句を見て，「できるだけ李さんに電話したほうがよい」と推測します。「…に電話する」は"给…打电话"。「できるだけ…したほうがよい」という意味の副詞"最好"は，介詞句"给…打电话"の前に置きます。この語順になっているのは③です。後半の意味は文脈からも「明日出発する時間を確認する」と推測され，「動詞"确认"＋動作量補語"一下"＋目的語"明天出发的时间"」の語順も正しくなっています。

(2) ① 进入十月以后，凉快天气逐渐起来了。
　　❷ 进入十月以后，天气逐渐凉快起来了。
　　　（10月に入ってから，天気は徐々に涼しくなってきた。）
　　③ 十月进入以后，天气凉快逐渐起来了。
　　④ 十月进入以后，逐渐凉快天气起来了。

> 前半が「動詞＋目的語」の正しい語順になっていない③④が除外されます。後半の"起来"は方向補語の派生義として，形容詞の後につき「ある状態が起こり継続する」ことを表すものなので，②を選びます。

(3) ❶ 这几件衣服都不太理想，不是价钱贵就是样子老。
　　　（この数着の服はどれもいまひとつで，値段が高くなければデザインが古い。）
　　② 这几件衣服太不都理想，价钱不是贵样子就是老。
　　③ 这几件衣服太都不理想，样子不是老价钱就是贵。
　　④ 这几件衣服不都太理想，不是样子老价钱就是贵。

76

前半の副詞"都""不""太"の語順で考えられるのは,「"都"(すべて)＋"不太"(あまり…でない)」です。この語順になっているのは①です。後半"不是A就是B"(AでなければBだ。AかBかどちらかだ)で,A,Bにはそれぞれの事柄を表す文を置くという用法も正しくなっています。

(4) ① 我打算把这幅画儿在卧室里挂，你看怎么样？
　　② 我在卧室里打算把这幅画儿挂，你看怎么样？
　　③ 我在卧室里把这幅画儿打算挂，你看怎么样？
　　❹ 我打算把这幅画儿挂在卧室里，你看怎么样？
　　(この絵を寝室に掛けるつもりなのですが,どう思いますか。)

　　後半は"你看怎么样？"(どう思いますか)なので,前半だけで完結する一つの事柄を表すことになります。用いられている語句を見て,「この絵を寝室に掛けるつもりである」と推測します。動詞"打算"(…するつもりである)は,全体にかかるので,主語の直後に置かれるため,②③が除外されます。絵は掛けられた後,そこにあり続けるので,①④のうち,"在"がそれを表す結果補語として用いられている④を選びます。

(5) ❶ 你的声音也太小了，我根本听不清楚你说什么。(あなたの声も小さすぎて,あなたが何を言っているのか全くはっきりと聞こえません。)
　　② 你的声音一点儿小，我根本不听清楚你说什么。
　　③ 你的声音有点儿小，我根本不清楚听你什么说。
　　④ 你的声音小一点儿，我根本听不清楚你什么说。

　　結論を述べている後半の意味を,「私はあなたが何を言っているのか全くはっきりと聞こえない」と推測します。「あなたが何を言っている」は"你说什么"。「はっきりと聞こえない」は「"听"＋"不"＋"清楚"」という可能補語の否定形を用いたものになります。"根本"(〔終始〕全く)は副詞で,動詞句の前に置きます。これらに合う①④について前半を見ると,①は「あなたの声は小さすぎる」,④は「あなたの声は(比較して)小さい」という意味なので,文意が通る①を選びます。

2. 同じ意味になる語句を選びます。語句の意味についての知識を問います。(各2点)

(6) 你放心，我们<u>有把握</u>找出解决问题的办法。
　　(安心してください,問題を解決する方法を見つけ出す自信があります。)

① 有时间（時間がある）
❷ 有信心（自信がある）
③ 有可能（可能性がある）
④ 有必要（必要がある）

> "把握"は「名自信」なので，②を選びます。この意味の場合，"有""没有"の後によく用いられます。"有把握找出解决问题的办法"は，「"有把握"（自信がある）＋"找出解决问题的办法"（問題を解決する方法を見つけ出す）」という順で，後の動詞句が"把握"を説明しています。

(7) 我实在是不甘心冠军就这么被对手夺走了。
（私は優勝をこんなふうに対戦相手にさらわれることを本当に望んでいない。）
❶ 不情愿（願わない）
② 不得已（bùdéyǐ 形やむをえない）
③ 不在乎（búzàihu 動気にしない）
④ 不介意（気にしない。頓着しない）

> "甘心"は「動喜んでする」なので，①を選びます。"甘心"と①の"情愿"を併せると，"甘心情愿"（心から望む）という成語になります。

(8) 听说公司今年给每个人的津贴比去年少了。
（会社が今年全員に渡した手当は昨年より少なくなったそうだ。）
① 工资（名給料）
② 报销（bàoxiāo 動精算する）
③ 奖金（名賞与。ボーナス）
❹ 补助（名補助〔金銭や物〕）

> "津贴"は「名手当」なので，④を選びます。

(9) 跟以前不同，人们对这种事情已经越来越麻木了。（昔とは異なり，人々はこういう事柄に対して，すでにますますまひしてしまっている。）
❶ 没感觉（感覚がない）
② 没理解（理解がない）
③ 不同意（同意しない。賛成しない）
④ 不喜欢（好まない）

"麻木"は「形まひしている」で，身体から考えについてまで形容します。

⑽　李老师一向热心地帮助那些有困难的学生。
　　（李先生はこれまで熱意をもって問題を抱えた学生を助けてきた。）
　　① 尽量（jǐnliàng 副できるだけ）
　　❷ 总是（副いつも）
　　③ 愿意（yuànyi 助動…したいと思う）
　　④ 也许（副…かもしれない）
　　　"一向"は「副これまで（ずっと）」なので，②を選びます。

3　適当な語句を補います。読解力と語句の知識を問います。　　　（各2点）

解答：(1)❸　(2)❹　(3)❶　(4)❶　(5)❸　(6)❷　(7)❹　(8)❸　(9)❷　(10)❶

⑴　我妈妈最（　拿手　）的菜是麻婆豆腐。
　　（私の母が一番得意な料理はマーボー豆腐だ。）
　　① 动手（動取りかかる）
　　② 高手（名達人）
　　❸ 拿手（形得意である）
　　④ 能手（名達人）
　　　副詞"最"の修飾を受ける品詞と意味から適当な③を選びます。"拿手菜"で「得意料理」という意味になります。

⑵　（　没想到　）我小时候的伙伴儿竟然成了大明星。
　　（思いがけないことに，私の子どもの頃の遊び仲間がなんと大スターになった。）
　　① 没觉得（感じなかった）
　　② 没想出（考えつかなかった）
　　③ 没察觉（気づかなかった）
　　❹ 没想到（思いもしなかった）
　　　"小时候的伙伴儿成了大明星"（子どもの頃の遊び仲間が大スターになった）ことについて"竟然"（副なんと。意外にも）と言っているので，意味から符合する④を選びます。"没想到"は，文頭に置いて，後に意外な内容を言うのによく用いられます。

79

(3) 作者通过这部小说（ 表达 ）了自己对社会现实的不满。
（作者はこの小説を通じて，社会の現実に対する自分の不満を表現した。）
- ❶ 表达（動〔考えや感情を〕表す）
- ② 表演（動演じる）
- ③ 表态（動態度を明らかにする）
- ④ 表扬（動表彰する）

> "通过这部小说"（小説を通じて）行うことで，"不满"を目的語にとる動作・行為を表す意味から適当な①を選びます。

(4) (到底) 是有经验的老师，解释得太清楚了！
（さすがは経験豊富な先生だ，説明がとても明確だ。）
- ❶ 到底（副さすがは）
- ② 反正（副いずれにしろ）
- ③ 尽量（副できるだけ）
- ④ 既然（接…である以上）

> "解释得太清楚了！"（話がとても明確だ）という感嘆を呼ぶ原因は"有经验的老师"（経験豊富な先生）だからですが，それを強調する意味から適当な①を選びます。

(5) 昨天的风实在太大了，路边的树都（ 给 ）刮倒了。
（昨日の風は本当に強くて，道端の木はすべてなぎ倒されてしまった。）
- ① 让（介…に～される）
- ② 叫（介…に～される）
- ❸ 给（介…に～される）
- ④ 使（動…に～させる）

> 後半は受け身文になることが推測されますが，構造上，"刮倒"（なぎ倒す）の前にその動作・行為をする人や物が置かれていないので，受け身を表す①②③のうち，動作・行為をする人や物を省略することができる③を選びます。省略しない場合は，"路边的树都给风刮倒了"のようになります。

(6) 这个月的工作任务（ 恐怕 ）不能按时完成了。（今月の職務上の任務は決められた時間どおりに完了することはできないだろう。）

① 可怕（形恐ろしい）
❷ 恐怕（副〔よくない状況を推測して〕おそらく）
③ 害怕（動怖がる）
④ 哪怕（接たとえ…でさえも）

> 助動詞の否定形"不能"の前に置く品詞と，"不能按时完成了"（時間どおりに完了することはできない）という望ましくない予測を述べるのに意味から適当な②を選びます。

(7) 你连事情的经过都没（ 打听 ）清楚，还说什么呀？
（あなたは事の経緯すらはっきりさせることもしないで，何を言うの？）
① 打发（dǎfa 動〔人を〕行かせる）
② 打包（動梱包する。〔残った料理を〕パックに詰める）
③ 打算（動…するつもりである）
❹ 打听（dǎting 動尋ねる）

> "连…都"で，空欄に入る動詞の目的語"事情的经过"（事の経緯）が前置されています。これについて用いるのに，意味から適当な④を選びます。

(8) (尽管) 成功的希望非常小，但他还是在不断地努力。
（成功する望みが非常に小さくても，彼は絶えず努力している。）
① 不管（接…にかかわらず）
② 无论（接…にかかわらず）
❸ 尽管（接…だけれども）
④ 比如（接例えば）

> その後に続く事実をひとまず認め，後半"但"の後にそれに反する内容を述べる③を選びます。①②は無条件であることを表し，後半で"都""也"などと呼応します。"不管"は話し言葉で，"无论"は書き言葉でよく用いられます。

(9) 既然是商量，大家（ 不妨 ）说说各自的想法。
（相談である以上，皆がそれぞれ自分の考えをちょっと述べてもかまわない。）
① 不顾（動かまわない。顧みない）
❷ 不妨（bùfáng 副…してかまわない。…してみたら〔よい〕）

81

③ 不禁（副思わず）

④ 不仅（接…だけでなく）

　　"既然"は「接…である以上」。意味から適当な②を選びます。

⑽ 你这么说，（ 难免 ）给孩子带来不必要的压力。（そんなふうに言ったら，子どもに余計なプレッシャーを与えることになりますよ。）

❶ 难免（nánmiǎn 形免れがたい）

② 免得（接…を避けるために）

③ 难道（副まさか…ではあるまい）

④ 只得（zhǐdé 副…せざるを得ない）

　　"难免"は動詞（句）や主語の前に置いて「…することを免れない。…という状況を免れない」という意味を表します。

4　500字程度の文章を読み，流れをつかんで適当な語句を補う4問，内容の理解を問う1問，日本語に訳す1問に答えます。語句の知識，読解力，日本語の翻訳力を問います。
　　　　　　　　　　　　　　　　　　　　　((1)〜(5)各2点，(6)各5点)

解答：(1)❶　(2)❹　(3)❷　(4)❸　(5)❶　(6)⇨85頁

　"旧天堂"是一家二手书店。店主小田不太爱说话，只喜欢读书。他的理想是在城里开一个大型的二手书店，让每个来买书的人都能找到自己喜欢的书，让越来越多的人喜欢上读书。

　为了满足顾客的不同需要，小田平时四处搜集各种书籍，所以他店里的书种类很齐全，有时(1)甚至能找到一般大书店都没有的书。小田从来不(2)跟顾客讨价还价，遇到真正爱书的客人，他不仅以最低价格出售，另外赠送几本也是常事。小田店里的书，原本就比别的书店便宜得多，再加上这样的半卖半送，(a)这家小书店在坚持了十年之后，终于因交不起房租而被迫关门了。

　以前的顾客知道这件事以后都很着急，他们一起想办法，要帮助小田渡过难关，让他把书店继续经营(3)下去。有几家旧书店听到"旧天堂"关门的消息后，表示(b)愿意一口气将三万本书全部买下，但由于给出的价格太低而没有成交。这件事通过媒体的报道，引起了广大市民的关注。许多市民前来挑选自己喜欢或需要的书籍，很快就有近两万本书被卖(4)掉了。最后，

82

剩下的一万多本书，被一位神秘的男子全部买走了。他说："书没有什么时髦或过时，无论新旧，每一本书都有它的价值，也一定会有适合它的读者。小田是个有理想的人，我愿意帮他实现自己的理想，也 (5)祝福 所有坚持理想的人。"

　　二手书店：古書店。"二手"は「形（商品が）中古である」で，英語の second hand から来ている

　　爱：1行目"爱说话"の"爱"は「動よく…する。…しがちである」という意味

　　上：3行目"喜欢上"の"上"は，方向補語の派生義として，ある程度への到達を表す

　　前来：動来る

　　有近两万本：「"有"＋数詞＋量詞」で，その数量に達していることを表す

訳：「旧天堂」は古本屋だ。店主の田さんは寡黙な人で，ただ読書だけを好んでいる。彼の理想は，町に大きな古本屋を開いて，本を買いに来た人全員が自分の好きな本を見つけ，ますます多くの人に読書を好きになってもらうことだ。
　顧客の異なる需要を満足させるために，田さんはふだんあちこちから様々な書籍を集め，おかげで彼の店の本は種類がそろっており，一般の大型店にもない本が見つかることさえあった。田さんはこれまで顧客と値段交渉をしたことがなく，真に本を愛するお客さんには最低の価格で売っただけでなく，他に何冊かをプレゼントすることも常だった。田さんの店の本は，そもそも他の本屋よりかなり安く，おまけにこんな半分販売半分贈呈では，(a)この小さな本屋は10年持ちこたえた後，ついに家賃が支払えずに閉店を余儀なくされた。
　以前の顧客はこの事を知ると皆慌てて，田さんが難局を乗り越える手助けをし，本屋の経営を続けさせようと，一緒に方法を考えた。何軒かの古本屋は「旧天堂」閉店のニュースを聞くと，(b)一気に3万冊の本を全部買い取りたがったが，提示価格が低すぎて取り引きは成立しなかった。この一件はメディアの報道を通じて広く市民の注目を集めた。多くの市民が自分の好きな，あるいは必要な書籍を選びに来て，すぐに2万冊近くの本が売れた。最後に，残った1万冊余りの本は，謎めいた一人の男性によってすべて買い取られた。彼は「本にははやりすたりというものがありません。新しい古いにかかわらず，どの本にもそれぞれの価値があり，その本に合った読者も必ずいるはずです。田さんは理想がある人です。私は彼が自分の理想を実現する手伝いをしたいと願いますし，理想を捨てないでいるすべての人の幸福を祈っているのです。」と言った。

(1) 空欄補充

他店里的书种类很齐全，有时⬜能找到一般大书店都没有的书（彼の店の本は種類がそろっており，一般の大型店にもない本が見つかることさえあった）

❶ 甚至（［接］甚だしきに至っては。…さえ）
② 毕竟（［副］結局）
③ 究竟（［副］いったい。結局。果たして）
④ 特意（［副］わざわざ）

> "能找到一般大书店都没有的书"（一般の大型店にもない本が見つかる）は"种类很齐全"（種類がそろっている）の極端な事例なので，意味から適当な①を選びます。

(2) 空欄補充

小田从来不⬜顾客讨价还价
（田さんはこれまで顧客と値段交渉をしたことがなく）

① 给（［介］…に。…のために）
② 对（［介］…について）
③ 向（［介］…に向かって）
❹ 跟（［介］…と）

> "讨价还价"（［成］値段交渉をする）の対象を導くのに適当な④を選びます。

(3) 空欄補充

让他把书店继续经营⬜（彼に本屋の経営を続けさせる）

① 下来（〔方向補語の派生義として〕「…し続けてきた」という現在までの動作の継続などを表す）
❷ 下去（〔方向補語の派生義として〕「…し続ける」という未来への動作の継続などを表す）
③ 过去（〔方向補語の派生義として〕話し手から遠ざかったり通過していくことなどを表す）
④ 过来（〔方向補語の派生義として〕話し手に近づくことなどを表す）

> "经营"（［動］経営する）の後につく方向補語として，"继续"（［動］続ける）と意味的に符合する②を選びます。

(4) 空欄補充

許多市民前来挑选自己喜欢或需要的书籍，很快就有近两万本书被卖□了（多くの市民が自分の好きな，あるいは必要な書籍を選びに来て，すぐに2万冊近くの本が売れた）

① 走（〔結果補語として〕離れる）
② 去（〔方向補語として〕離れる。〔動作が〕継続する）
❸ 掉（〔結果補語として〕すっかり無くする）
④ 好（〔結果補語として〕きちんと…し終える）

> 文脈から，単に「売れた」ということだけでなく，「売り切れた」ことを言いたいと判断し，"卖"の補語として，意味から適当な③を選びます。

(5) 内容の一致

我愿意帮他实现自己的理想，也□所有坚持理想的人（私は彼が自分の理想を実現する手伝いをしたいと願いますし，理想を捨てないでいるすべての人の幸福を祈っているのです）

❶ 祝福（動 祝福する。幸福を祈る）
② 庆祝（動 祝う）
③ 祝贺（動 祝う）
④ 庆幸（動 〔幸運を〕喜ぶ）

> "所有坚持理想的人"（理想を捨てないでいるすべての人）の未来のことについて用いることから，①を選びます。②③④はすでに起こったことについて用います。②"庆祝"は祝日などについて用い，③"祝贺"は個人的な喜びごとなどについて用います。

(6) 中文日訳

(a) 这家小书店在坚持了十年之后，终于因交不起房租而被迫关门了。
この小さな本屋は10年持ちこたえた後，ついに家賃が支払えずに閉店を余儀なくされた。

> 後半の"因…而～"は「…なので～」。"交不起"は「支払えない」。方向補語"起"は，ここでは「経済的な負担能力があって堪えられる」という派生義を表し，"不起"で可能補語の否定形になっています。

(b) 愿意一口气将三万本书全部买下，但由于给出的价格太低而没有成交。
一気に３万冊の本を全部買い取りたがったが，提示価格が低すぎて取り引きは成立しなかった。

> "将"は"把"と同じ。"买下"の"下"は動作の完成や結果を表す方向補語で，"买下"で「買い取る」ことを表します。後半の"由于…而~"は「…なので~」。"给出"の"给"は「動与える」，"给出的价格"で「提示価格」。

5 やや長めの文５題を中国語に訳します。日常で常用の語句，表現を用いて文を組み立てる能力を問います。 (各４点)

(1) 私はどうしてもあの人の名前を覚えられない。
我怎么也记不住那个人的名字。

> 「どうしても…できない」は「"怎么也"＋否定形」で表します。"怎么也"は"无论如何也"でも，またどちらの場合も"也"は"都"でもかまいません。「覚えられない」は，「しっかり安定・固定する」という意味を表す結果補語"住"を用い，可能補語の否定形にした"记不住"で表します。

(2) 今年の冬は去年の冬に比べて，ずっと寒い。
今年冬天比去年冬天冷多了。

> 「ずっと」という比較の結果は，形容詞の後に"多了"を置いて表します。"得多"でもかまいません。"去年冬天"の"冬天"は省略してもかまいません。

(3) さすがブランド品だ，一生使っても大丈夫ですね。
到底是品牌货，用一辈子也没问题啊。

> 「さすが…だ」は"到底是…"のほかに"果然是…""不愧(búkuì)是…"でもかまいません。「一生使う」は"一辈子用"ではなく"用一辈子"のように時間量を表す"一辈子"を補語として動詞"用"の後に置きます。"也"は"都"でもかまいません。「大丈夫」は"用不坏"のように具体的に表してもかまいません。"坏"は結果補語として用いて「だめになる」という意味を表し，可能補語の否定形にしています。「…ね」は語気助詞"啊"で表します。

86

(4) このような選択をせざるを得なかった。
做出这样的选择也是不得已的事。

> 「このような選択をするのも仕方のないこと」と読み換えています。「(選択を)する」は"做"だけではなく,動作の完成を表す方向補語"出"を用います。読み換えた「仕方のない」は"没办法"でもかまいません。全体を"不得不做出这样的选择。""只好做出这样的选择。"としてもかまいません。

(5) まだそれほど食べないうちに,料理はもうなくなってしまった。
还没怎么吃,菜就没有了。

> 「まだそれほど…しない」は"还没怎么…"。「まだそれほど食べないうちに」は"还没吃多少"としてもかまいません。「もう」は,短時間のうちに行われることを表す"就"を用います。

第88回
(2016年3月)

問 題
リスニング……………………………90
筆 記……………………………94
　　解答時間：計120分
　　配点：リスニング100点，筆記100点

解答と解説
リスニング……………………………102
筆 記……………………………114

| リスニング | (⇨解答と解説102頁)

1 1. (1)～(5)のAの発話に対するBの問いの答えとして最も適当なものを、それぞれ①～④の中から1つ選び、その番号を解答欄にマークしなさい。　　(25点)

(1)

　①　　　　②　　　　③　　　　④

(2)

　①　　　　②　　　　③　　　　④

(3)

　①　　　　②　　　　③　　　　④

(4)

　①　　　　②　　　　③　　　　④

(5)

　①　　　　②　　　　③　　　　④

2. (6)〜(10)のＡとＢの対話を聞き，Ｂの発話に続くＡのことばとして最も適当なものを，それぞれ①〜④の中から１つ選び，その番号を解答欄にマークしなさい。

(25点)

(6)

① ② ③ ④

(7)

① ② ③ ④

(8)

① ② ③ ④

(9)

① ② ③ ④

(10)

① ② ③ ④

② 中国語を聞き，(1)〜(10)の問いの答えとして最も適当なものを，それぞれ①〜④の中から1つ選び，その番号を解答欄にマークしなさい。　　　　　　　　　　　(50点)

メモ欄

(1)　①　　　②　　　③　　　④

(2)　①　　　②　　　③　　　④

(3)　①　　　②　　　③　　　④

(4)　①　　　②　　　③　　　④

(5)　①　　　②　　　③　　　④

メモ欄

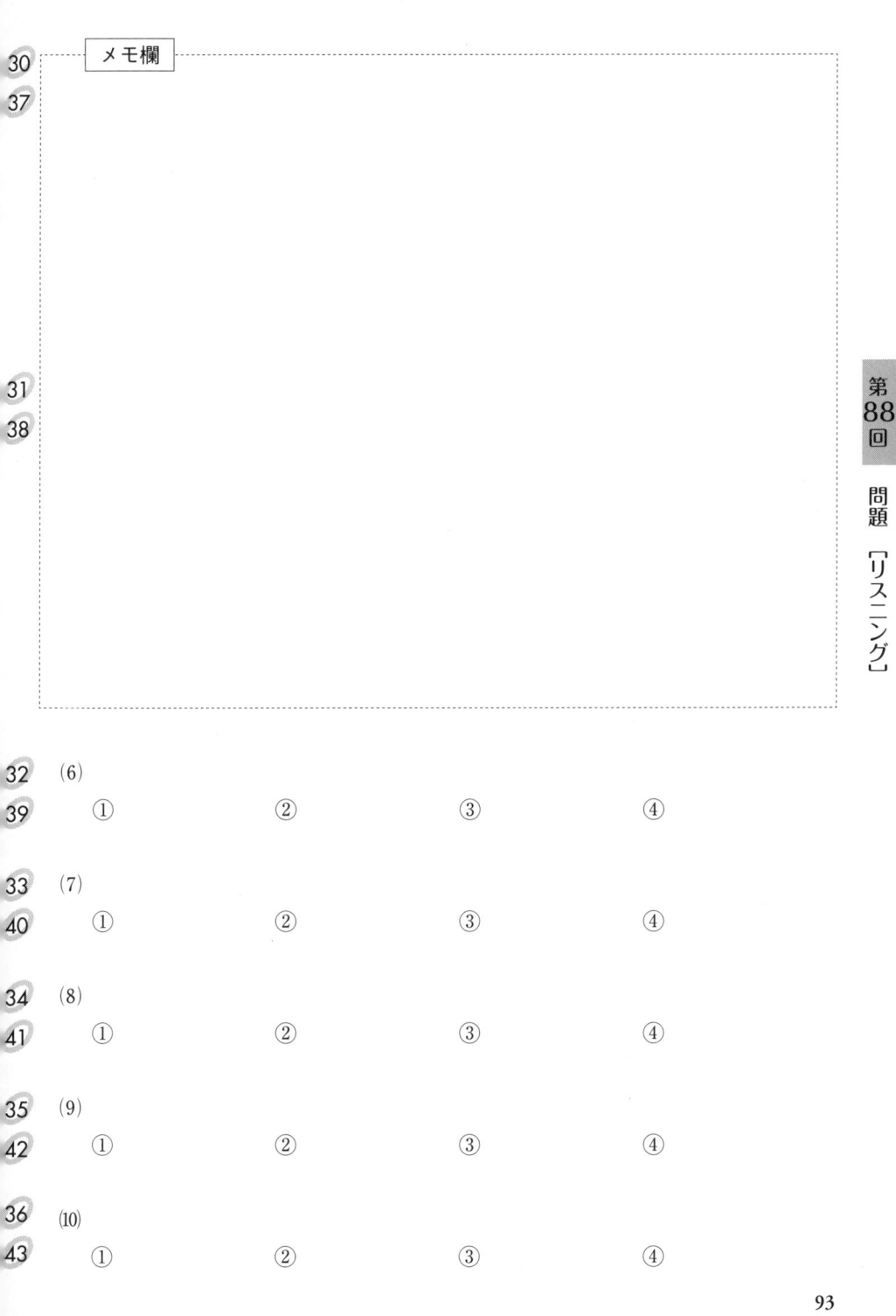

第88回 問題 〔リスニング〕

(6)
① ② ③ ④

(7)
① ② ③ ④

(8)
① ② ③ ④

(9)
① ② ③ ④

(10)
① ② ③ ④

筆　記　（⇨解答と解説114頁）

1　次の文章を読み，⑴〜⑽の問いの答えとして最も適当なものを，それぞれ①〜④
　の中から１つ選び，その番号を解答欄にマークしなさい。　　　　　　　（20点）

　　小时候，陈立⬜⑴⬜遇到什么不知道的事情，马上⬜⑴⬜去问父亲。但父亲很少回答他，总是让他去《十万个为什么》上找。他知道父亲是想培养他自己动手解决问题的能力，但是他懒得去翻书，便常去问母亲。"妈妈，小蝌蚪为什么会变成青蛙呀？""妈妈，议论文怎么写呀？……"一直到上了大学，生活中碰到什么问题，陈立仍然打电话问母亲，觉得她什么都懂，什么都知道，⬜⑵⬜就是一部百科全书。

　　毕业后不久，他交了女朋友。有一天，女朋友说喜欢吃红烧肉，他马上说："我今天就给你做。"晚上，他买⬜⑶⬜了各种材料，但是没进厨房，而是拿起了电话，问妈妈红烧肉的做法。母亲在那头儿扑哧地笑了，然后拿着电话一步步细致地指导他做出了一份香喷喷的红烧肉。女孩尝了一块儿说："可真好吃！不过，一边打长途电话，一边做菜，电话费⬜⑷⬜太贵了吧，你为什么不上网查呢？⬜⑸⬜你已经长大成人了，也不能什么都离不开妈妈呀。"对呀，上网查很方便，轻轻敲敲键盘，按按⑹鼠标，答案就出来了，还有照片。从那以后，陈立就不⬜⑺⬜给母亲打电话了。

　　新年和女朋友回家，他看到了一个笔记本，上面密密麻麻地写⬜⑻⬜了很多生活常识。父亲说："你妈不知从什么时候开始，就喜欢把在书上、电视上看到的各种知识抄下来，还专门归了类，为的是在你打电话问她的时候，能够准确快速地回答。每次回答了你的问题，她都很高兴，可是最近很少看到她高兴的样子了。"陈立很感动，心中涌起一阵暖流，眼睛也湿润了。女朋友也说："记这么多笔记，要用多少时间哪！"这时，母亲从厨房出来了，陈立和女朋友不约而同地说："我们还想自己做红烧肉，您再教给我们一遍好吗？"妈妈作出生气的样子说："我⬜⑼⬜告诉过你⬜⑼⬜？怎么不记着呢？"顺手习惯地拿起了笔记本。

(1) 2か所の空欄(1)を埋めるのに適当なものは，次のどれか。
　　① 才…就…　　② 如果…那…　　③ 一…就…　　④ 不论…也…

(2) 空欄(2)を埋めるのに適当なものは，次のどれか。
　　① 简直　　② 索性　　③ 毕竟　　④ 到底

(3) 空欄(3)を埋めるのに適当なものは，次のどれか。
　　① 出来　　② 起来　　③ 上来　　④ 回来

(4) 空欄(4)を埋めるのに適当なものは，次のどれか。
　　① 更　　② 也　　③ 还　　④ 都

(5) 空欄(5)を埋めるのに適当なものは，次のどれか。
　　① 再说　　② 以及　　③ 加以　　④ 同时

(6) 下線部(6)の正しいピンイン表記は，次のどれか。
　　① shǔbiāo　　② shùbiāo　　③ shǔpiāo　　④ shùpiāo

(7) 空欄(7)を埋めるのに**適当でないもの**は，次のどれか。
　　① 这么　　② 那么　　③ 怎么　　④ 什么

(8) 空欄(8)を埋めるのに適当なものは，次のどれか。
　　① 多　　② 够　　③ 满　　④ 完

(9) 2か所の空欄(9)を埋めるのに適当なものは，次のどれか。
　　① 不是…呢　　② 不是…吗　　③ 不是…吧　　④ 不是…啊

(10) 本文の内容と一致するものは，次のどれか。
　　① 陈立的父亲没有他母亲的生活常识多。
　　② 陈立的女朋友把红烧肉的照片登在了网上。
　　③ 看到笔记本，陈立和他的女朋友产生了同样的想法。
　　④ 陈立忘了做红烧肉的方法，他母亲生气了。

第88回　問題　[筆記]

95

2. 1. (1)～(5)の中国語①～④の中から，正しいものを1つ選び，その番号を解答欄にマークしなさい。

(10点)

(1) ① 你父母没看到好久了，请向他们替我问好。
② 没看到你父母好久了，请问好替我向他们。
③ 没看到好久你父母了，请问好向他们替我。
④ 好久没看到你父母了，请替我向他们问好。

(2) ① 怎么样不管，我们明天都去得试试。
② 不管怎么样，明天我们都得去试试。
③ 怎么样不管，我们都得去明天试试。
④ 不管怎么样，明天我们都去得试试。

(3) ① 这个有点儿贵，有便宜一点儿的吗？
② 这个有贵一点儿，便宜点儿的有吗？
③ 这个有点儿贵，有一点儿便宜的吗？
④ 这个贵有一点儿，有便宜点儿的吗？

(4) ① 拿到免税柜台护照，办理退税手续就可以。
② 护照拿到免税柜台，退税就办理手续可以。
③ 护照到免税柜台拿，可以就办理退税手续。
④ 拿护照到免税柜台，就可以办理退税手续。

(5) ① 这些就要吗？看还不看别的？
② 要就这些吗？别的还看不看？
③ 就要这些吗？还看不看别的？
④ 就这些要吗？还别的看不看？

2. (6)〜(10)の中国語の下線を付した語句の意味として最も適当なものを，それぞれ①〜④の中から1つ選び，その番号を解答欄にマークしなさい。　　　　(10点)

(6) 父母工作忙，忽视了对他的教育，使他养成了大手大脚的习惯。
　　① 花钱没节制，浪费。
　　② 做事不冷静，慌张。
　　③ 生活不检点，随便。
　　④ 学习不认真，马虎。

(7) 小学毕业已经这么长时间了，老师未必记得我了。
　　① 不可能。　　② 不在意。　　③ 不值得。　　④ 不一定。

(8) 她爷爷是一家公司的老总，总把生产、销售、利润等话题挂在嘴边儿上。
　　① 会计　　　② 顾问　　　③ 经理　　　④ 理事

(9) 大家都看得出来，他这样做是别有用心。
　　① 另有与众不同的特点。
　　② 另有不可告人的企图。
　　③ 另有独一无二的构思。
　　④ 另有周到细致的考虑。

(10) 这件事很重要，你不应该抱着无所谓的态度对待。
　　① 不满意。　　② 不严肃。　　③ 不认真。　　④ 不在乎。

3 (1)～(10)の中国語の空欄を埋めるのに最も適当なものを，それぞれ①～④の中から1つ選び，その番号を解答欄にマークしなさい。
(20点)

(1) 这座古城已经有（　　　）三千年的历史了。
   ① 贴近　　　② 将近　　　③ 靠近　　　④ 邻近

(2) 工作太忙，没有时间收拾，房间里（　　　）的。
   ① 三长两短　② 乱七八糟　③ 五花八门　④ 七上八下

(3) 接连几天熬夜，你的身体（　　　）了吧?
   ① 吃不起　　② 吃不动　　③ 吃不开　　④ 吃不消

(4) 各国学者（　　　）全球经济一体化的话题展开了热烈的讨论。
   ① 围绕　　　② 伴随　　　③ 包围　　　④ 随同

(5) 从今年一月起，公司增加了每个月的交通费（　　　）。
   ① 补缺　　　② 补贴　　　③ 补足　　　④ 补票

(6) （　　　）公物，人人有责。
   ① 保洁　　　② 保持　　　③ 防护　　　④ 爱护

(7) 政府目前拿不出那么多钱改建机场，希望大家（　　　）我们的困难。
   ① 原谅　　　② 准许　　　③ 体谅　　　④ 默许

(8) 这次比赛，每个运动员（　　　）得都非常优异。
   ① 表现　　　② 显示　　　③ 表示　　　④ 体现

(9) 车速太快，一时停不（　　　）。
   ① 过来　　　② 下来　　　③ 过去　　　④ 下去

(10) 麻烦你（　　　）他，我明天不能来了。
   ① 转口　　　② 传递　　　③ 转告　　　④ 传说

4 次の文章を読み，(1)〜(5)の問いの答えとして最も適当なものを，それぞれ①〜④の中から１つ選び，その番号を解答欄にマークしなさい。また，下線部(a)・(b)を日本語に訳し，解答欄(6)に書きなさい。
(20点)

有个少年认为自己最大的缺点是胆小，(a)为此他很自卑，觉得自己的前途没有一点儿希望。有一天，他鼓起勇气去看心理医生。医生听了他的诉说后，拍了拍他的肩膀笑着说："这怎么是缺点呢？　(1)　是个优点嘛！你只不过是非常谨慎罢了，而谨慎的人总是很可靠，办事稳妥，很少出问题。"听到医生这么说，少年　(2)　迷惑不解，他问医生："胆小要是优点的话，难道说胆大反倒成了缺点了吗？"医生摇摇头说："不，胆大也不是缺点。胆小是优点，胆大是另外一种优点。"听了这话以后，少年的心里轻松了很多，脸上也露出了笑容。

医生又问少年："你觉得喜欢喝酒是优点，还是缺点？"少年说："　(3)　不是缺点，　(3)　不能说是优点吧？"医生说："你听说过'李白斗酒诗百篇'的说法吧？"少年马上回答："听说过，听说过！他和陶渊明一样，都是爱喝酒的诗人。很多诗人都是喝了酒以后写出了好作品，　(4)　他们　(4)　，喝酒当然不能是缺点！"医生鼓掌笑道："对！你说得对。这就是说，(b)优点和缺点是因人而异的，放在不同的人身上，性质并不一样。如果你是冒险家，胆小也许是缺点；如果你是司机，胆小就是优点，可以避免交通事故，保证安全行驶。所以，每个人都不要轻易地否定自己，把自己的某些特点当成缺点；也不要盲目地骄傲自满，夸大自己的某些长处。"

(1) 空欄(1)を埋めるのに適当なものは，次のどれか。
　① 明白　　　② 分明　　　③ 清楚　　　④ 显著

(2) 空欄(2)を埋めるのに適当なものは，次のどれか。
　① 一些　　　② 多少　　　③ 一点　　　④ 有些

(3) 2か所の空欄(3)を埋めるのに適当なものは，次のどれか。
　① 就算…也…　② 任凭…也…　③ 无论…也…　④ 不管…也…

(4) 2か所の空欄(4)を埋めるのに適当なものは，次のどれか。

　　① 対…来说…　　② 至于…说…　　③ 关于…来说…　　④ 对…说…

(5) 本文の内容と一致するものは，次のどれか。

　　① 因为少年很自卑，觉得没有前途，所以胆小、谨慎。

　　② 优点和缺点是绝对的，不能互相转换。

　　③ 优点和缺点是相对的，不能一概而论。

　　④ 因为只有喝酒才能写出好诗来，所以诗人喝酒是优点。

(6) 下線部(a)・(b)を日本語に訳しなさい。

5 (1)～(5)の日本語を中国語に訳し，解答欄に書きなさい。　　　　　(20点)

(1) 今日は時間がないのなら，また次回ということにしよう。

(2) もう12時だ，最終電車に乗り遅れそうだ。

(3) この切手をハガキに貼ってください。

(4) 彼はあまりにも疲れていたので，音楽を聴いているうちに眠ってしまった。

(5) 雨はやんだから，傘を持って行かなくてもいいよ。

| リスニング | (⇨問題90頁) |

1

解答：(1)❷　(2)❶　(3)❸　(4)❸　(5)❹　(6)❸　(7)❷　(8)❶　(9)❶　(10)❹

1． Aの発話に対するBの問いの答えを選びます。日常会話の一言を聞き取り，すばやく状況をつかむ能力を問います。　　　　　　　　　　　　　　　　（各5点）

04　(1) A：快走吧，再不走就来不及了。
　　　　（急いで行きましょう，もう行かないと間に合わなくなります。）
　　　B：说话人是什么意思？（話し手が言っているのはどういう意味か。）
　　　　① 休息一下再走。（少し休憩してから出発する。）
　　　　❷ 应该马上出发。（すぐに出発すべきだ。）
　　　　③ 来不及也没关系。（間に合わなくても差し支えない。）
　　　　④ 现在走也来不及。（今行っても間に合わない。）

> 前半の"快走吧"で結論が出ており，後半は理由になっています。"快走吧"と合致するのは②だけです。"再…就~"は「もし…し続けると~」という仮定と結果を表します。

05　(2) A：方便的话，请你留下手机号，我好通知你。（もしよろしければ，携帯電話の番号を残しておいてください，ご連絡いたしますので。）
　　　B：说话人的意思是：（話し手が言っている意味は？）
　　　　❶ 请对方告诉他电话号码。
　　　　　（電話番号を教えてくれるよう相手にお願いする。）
　　　　② 问对方什么时候方便。（相手の都合を尋ねる。）
　　　　③ 让对方给他打电话。（相手に電話をかけさせる。）
　　　　④ 问对方什么时候通知好。（いつ連絡したらよいか相手に尋ねる。）

> "方便"は「形 都合がよい」で，"方便的话"で「もしよろしければ」という決まり文句。"留"は「動 残しておく」で，動作・行為の結果，何かが残ることを表す方向補語"下"がついています。"手机号"は"手机号码"と同じ。"好"は動詞の前に用いて「動 …しやすい」と，その動作・行為がしやすいことを表します。

102

06 (3) A：老李，好久不见，女儿都这么大了！
（李さん，お久しぶりです，娘さんもこんなに大きくなって！）
B：说话人的意思是：（話し手が言っている意味は？）
① 老李的女儿比他大。（李さんの娘は自分より年上だ。）
② 他不知道老李多大。（自分は李さんの年齢を知らない。）
❸ 老李的女儿比他想像的大。
（李さんの娘は自分の予想より大きく成長していた。）
④ 他知道老李的女儿多大。（自分は李さんの娘の年齢を知っている。）

"都…了"で"已经…了"と同じ「もう…になった」という意味。"好久不见"のため"女儿都这么大了"と驚いたことを述べているので，③を選びます。文脈から"大"は年齢ではなく体つきのことと考えます。

07 (4) A：请问，从这儿往日本寄快件要几天？
（すみませんが，ここから日本までEMSは何日かかりますか。）
B：说话人在做什么？（話し手は何をしているところか。）
① 在银行换钱。（銀行で両替をしている。）
② 在车站买票。（駅で切符を買っている。）
❸ 在邮局寄东西。（郵便局で郵便物を出している。）
④ 在医院看病。（病院で診察を受けている。）

"寄"（動郵送する）が決め手です。"快件"は「図速達郵便物」，ここでは国際郵便なので，EMS（国際スピード郵便）を指します。EMSはふつうは"特快专递"と言います。"快件"に対して「普通郵便物」は"慢件"と言います。

08 (5) A：早上下雨，我还以为小陈不来了呢。
（朝雨が降ったから，陳さんは来ないと思っていたよ。）
B：说话人的意思是 ：（話し手が言っている意味は？）
① 他早上才知道小陈不来。
（彼は陳さんが来ないことを朝になってようやく知った。）
② 小陈不来，他觉得有点儿意外。
（陳さんが来ないことを，彼は少し意外に思っている。）
③ 他认为下雨小陈也会来。（彼は雨が降っても陳さんは来ると思った。）
❹ 小陈来了，他觉得有点儿意外。

103

(陳さんが来たことを，彼は少し意外に思っている。)

> "以为"（動…と思う）はよく事実と合わない思い込みを述べるのに用いられ，ここでも実際には"小陈不来了"ではなく"小陈来了"ということになるので，④を選びます。"还"は予想外のことであることを表し，ここでは自分を責めるニュアンスがあります。

2. AとBの対話に続くAのことばを選びます。日常会話の短い対話を聞き取り，すばやく状況をつかんで反応する能力を問います。　　　　　　（各5点）

(6) A：怎么啦，你不是说和我们一起去博物馆吗？
　　（どうしたの，私たちと一緒に博物館に行くと言っていませんでしたか。）
　B：对不起，我突然有点儿事儿，得（děi）回一趟老家。
　　（ごめんなさい，急に用事ができて，実家に帰らなければならないのです。）
　A：① 是吗？你是特地从老家回来的呀！
　　　（そうですか，わざわざ実家から戻ってきたんですね。）
　　② 是吗？什么博物馆这么有名啊？
　　　（そうですか，どの博物館がそんなに有名なんですか。）
　　❸ 是吗？有什么急事儿啊？　（そうですか，どんな急用ですか。）
　　④ 是吗？博物馆有什么展览哪？
　　　（そうですか，博物館にはどんな展示があるんですか。）

> "不是…吗？"は「…じゃないか」という反語の表現。Bの"得"は「助動…しなければならない」。これから実家に帰らなければならないBに対しAがかけることばとして適当な③を選びます。

(7) A：我做的这个菜得趁热吃，凉了就不好吃了。（私が作ったこの料理は熱いうちに食べないと，冷めたらおいしくなくなります。）
　B：那我就先吃了，你也快来吃吧。
　　（ではお先に頂きます，あなたも早くいらっしゃい。）
　A：① 真好吃，你真会做菜。
　　　（本当においしい，あなたはほんとに料理がお上手ですね。）
　　❷ 你先吃吧，不用客气。（お先にどうぞ，ご遠慮なく。）
　　③ 等一下，马上就凉了。（ちょっと待ってください，すぐに冷めます。）
　　④ 你吃吧，热了不好吃。
　　　（食べてください，熱くなったらおいしくありません。）

"趁"は「囗…(時間，機会)を利用して」で，"趁热"で「熱いうちに」。後半の"凉了"は仮定，"就不好吃了"は結果で，④の"热了"と"不好吃"も同じ関係です。Bのことばから，料理を作ったAはすぐには食べられないことが分かり，Bに対して「お先に」と促す②を選びます。

12 (8) **A**：你找来找去的，找什么呢？
　　　(あちこち捜し回っているけれど，何を捜しているのですか。)
　　B：找我的圆珠笔，怎么没了呢？
　　　(私のボールペンを捜しています，どうしてなくなったのだろう。)
　　A：❶ 对了，刚才田中拿去了。(そうだ，さっき田中さんが持っていきました。)
　　　　② 我没买圆珠笔，他们都买了。
　　　　　(私はボールペンを買いませんでしたが，彼らはみな買いました。)
　　　　③ 你没买圆珠笔，我们都买了。
　　　　　(あなたはボールペンを買いませんでしたが，私たちはみな買いました。)
　　　　④ 对了，刚才田中找你了。
　　　　　(そうだ，さっき田中さんがあなたを探していましたよ。)

　　　「動詞+"来"+同じ動詞+"去"」で「あちこち…して回る」。Bの"没"は，動詞で"没有"と同じ。"怎么没了呢？"に対する答えを伝える①を選びます。

13 (9) **A**：你上午不是打工吗？怎么还不起床？
　　　(午前中アルバイトではないの？なぜまだ起きないのですか。)
　　B：原来是上午打工，这个月改下午了。
　　　(もともと午前中アルバイトでしたが，今月は午後に変えました。)
　　A：❶ 那你再睡一会儿吧。(それではもう少し寝ていたら。)
　　　　② 那你上午和下午都不打工了。
　　　　　(それでは午前も午後もアルバイトではなくなったのですね。)
　　　　③ 那下午咱们去看花吧。(それでは午後花見に行きましょう。)
　　　　④ 那你上午和下午都得打工了。(それでは午前も午後もアルバイトをしなければならなくなったのですね。)

　　　Aの最初のことばは，Bが午前中アルバイトがあるのにまだ寝ているのをいぶかしんでいます。Bの"改…"はよく「…を変える」の意味で用いられますが，ここでは「…に変える」という意味。

105

14 ⑽ A：考试准备得怎么样了？有把握吗？
（試験の準備はいかがですか。自信はありますか。）

B：不好说，我觉得自己有点儿危险。
（なんとも言えませんが，ちょっと危ないという気がしています。）

A：① 没关系，他非常有把握。
（かまいません，彼はとても自信を持っています。）

② 放心吧，到时候注意安全。
（安心してください，その時になったら安全に注意します。）

③ 别担心，他们说得都很好。
（ご心配なく，彼らはみなとても上手に話します。）

❹ 不要紧，到时候别紧张。
（大丈夫，その時になったら緊張しないようにね。）

> 二人はBが受ける試験について話しています。Bの"好"は⑵と同じ。
> 少し自信なさそうなBに対して言うことばとして適当な④を選びます。

[2] 500字程度の2つの文章を聞き，内容についての問い5問ずつに答えます。
ポイントとなる内容を聞き取り，全体の趣旨をつかむ能力を問います。（各5点）

解答：⑴❷　⑵❸　⑶❷　⑷❹　⑸❶　⑹❸　⑺❷　⑻❶　⑼❹　⑽❹

⑴～⑸の中国語

16　20世纪八十年代，有两个词从香港传到了中国大陆：一个是"的士"（dīshì），一个是"巴士"（bāshì）。当时，不少人认为，汉语里已经有"出租汽车"和"公共汽车"的说法，没有必要再使用音译的外来词了。可是没过几年，这两个词就流行起来了。与此同时，还产生了不少用"的士"的"的"（dī）构成的新词。例如："坐出租汽车"叫"打的"，年轻的男出租汽车司 5
机叫"的哥"、出租的面包车叫"面的"等。"巴士"的"巴"也构成了"大巴"、"中巴"、"小巴"、"机场大巴"等新词。这是最让人感到意外的。

17　这样的外来词所以能进入汉语，还构成了新词，主要有三个原因。第一是随着经济交流的扩大，其他语言、文化也进入了中国。第二个原因是人们愿意接受新事物的心理。在词的使用方面，很多人喜欢使用新的说法。日语 10
的"料理"、"人气"等词，就是由于符合这种心理而进入汉语的。有些人觉得，说"日本菜"，不如说"日本料理"有　异国情调；说"受欢迎"不如说"有

106

人气"新鲜。

　　第三个是语言上的原因，就是现代汉语的双音化倾向，这是最根本的原因。中国人觉得，一个字不容易听懂，超过两个字的词又太长，两个字的词既容易懂，又简练。所以，称呼别人时，要加上"老"或者"小"，说"老王"、"小李"；"照相机"变成了"相机"，"电视机"变成了"电视"。使用两个字的"的士"和"巴士"的人，也比说"出租汽车"和"公共汽车"的人多起来了。

　　简练：形簡潔である

訳：1980年代，二つの語が香港から中国大陸に伝わった。一つは"的士"，一つは"巴士"である。当時，多くの人が，中国語にはすでに"出租汽车"と"公共汽车"という言い方があるのだから，さらに音訳外来語を使う必要はないと考えていた。しかし，数年と経たないうちに，この二つの語は流行しだした。それと同時に，"的士"の"的"を使った造語が数多く生み出された。例えば，「タクシーに乗ること」を"打的"，若い男性のタクシー運転手を"的哥"，ワゴン型乗合タクシーを"面的"と呼ぶなどである。"巴士"の"巴"も，"大巴"（大型バス），"中巴"（中型バス），"小巴"（マイクロバス），"机场大巴"（空港連絡バス）などの新語を生み出した。これは最も意外なことであった。

　　このような外来語が中国語の中に入り，さらに新語を生み出すことができたのには，主に三つの原因がある。一つ目は，経済交流の拡大に伴い，他の言語・文化もまた中国に流入したことだ。二つ目の原因は，新しい事物を受け入れたがる人々の心理である。語の使用においては，多くの人が新しい言い方を使いたがる。日本語の「料理」や「人気」などの語は，まさにこのような心理に合致したことで中国語に取り込まれた。"日本菜"と言うよりも"日本料理"と言うほうが異国情緒があってよいと思う人もいれば，"受欢迎"と言うより"有人气"と言ったほうが新鮮だと感じる人もいるのである。

　　三つ目は言語的な原因，すなわち現代中国語の2音節化傾向であり，これが最も根本的な原因である。中国人は，1文字では聞き取りにくいし，3文字以上では長すぎ，2文字の語だと分かりやすくかつ簡潔であると感じる。そのため，他の人を呼ぶのに"老"あるいは"小"をつけて，"老王""小李"と言うし，"照相机"は"相机"に，"电视机"は"电视"になった。2文字の"的士"や"巴士"を使う人も，"出租汽车"や"公共汽车"と言う人よりも多くなってきたのである。

18 (1) 問：为什么有人认为没有必要使用"的士"和"巴士"这两个词？（なぜ"的士"と"巴士"という二つの語を使う必要はないと思う人がいたのか。）
　　　答：① 因为它们是从香港传来的。（それらは香港から伝わってきたから。）
　　　　　❷ 因为汉语已经有表示同样意义的词。
　　　　　（中国語にはすでに同じ意味を表す語があったから。）
　　　　　③ 因为它们不是外来词。（この2語は外来語ではなかったから。）
　　　　　④ 因为汉语没有表示同样意义的词。
　　　　　（中国語には同じ意味を表す語がなかったから。）

> 2行目"不少人认为,汉语里已经有'出租汽车'和'公共汽车'的说法,没有必要再使用音译的外来词了"（多くの人が，中国語にはすでに"出租汽车"と"公共汽车"という言い方があるのだから，さらに音訳外来語を使う必要はないと考えていた）から，②を選びます。

19 (2) 問：最让人感到意外的是什么？（人々が最も意外に感じたことは何か。）
　　　答：① "的士"和"巴士"的流行。（"的士"と"巴士"〔という語〕の流行。）
　　　　　② 面包车的司机叫"的哥"。
　　　　　（ワゴン型乗合タクシーの運転手を"的哥"と呼ぶこと。）
　　　　　❸ "的士"和"巴士"构成了很多新词。
　　　　　（"的士"と"巴士"〔という語〕が多くの新語を作ったこと。）
　　　　　④ 出租汽车叫"面的"。（タクシーのことを"面的"と呼ぶこと。）

> 7行目に"这是最让人感到意外的"（これは最も意外なことであった）とあり，この"这"は4行目"产生了不少用'的士'的'的'构成的新词。例如…等。'巴士'的'巴'也构成了…等新词"（"的士"の"的"を使った造語が数多く生み出された。例えば…などである。"巴士"の"巴"も…などの新語を生み出した）を指すので，③を選びます。

20 (3) 問：日语的一些词为什么进入了汉语？
　　　　（いくつかの日本語が中国語に取り入れられたのはなぜか。）
　　　答：① 因为它们不是汉语词。（それらは中国語の語ではなかったから。）
　　　　　❷ 因为它们符合愿意接受新事物的心理。
　　　　　（それらが新しい事物を受け入れたがる心理に合致したから。）
　　　　　③ 因为它们不是音译词。（それらは音訳語ではなかったから。）
　　　　　④ 因为日本菜在中国很受欢迎。（日本料理は中国で人気があったから。）

10行目に"日语的'料理'、'人气'等词，就是由于符合这种心理而进入汉语的"（日本語の「料理」や「人気」などの語は，まさにこのような心理に合致したことで中国語に取り込まれた）とあり，"这种心理"は9行目"人们愿意接受新事物的心理"（新しい事物を受け入れたがる人々の心理）を指すので，②を選びます。

21 (4) 問：说"出租汽车"和"公共汽车"的人减少的根本原因是什么？
　　　　（"出租汽车"や"公共汽车"と言う人が減少した根本的な原因は何か。）
　　答：① 它们不容易听懂。（聞き取りにくい。）
　　　　② 它们没有异国情调。（異国情緒がない。）
　　　　③ 它们不能构成新词。（新語を作り出せない。）
　　　　❹ 它们的音节太多。（音節が多すぎる。）

　　14行目に"第三个是语言上的原因，就是现代汉语的双音化倾向，这是最根本的原因。中国人觉得，一个字不容易听懂，超过两个字的词又太长…"（三つ目は言語的な原因，すなわち現代中国語の2音節化傾向であり，これが最も根本的な原因である。中国人は，1文字では聞き取りにくいし，3文字以上では長すぎ…）とあり，"出租汽车"と"公共汽车"は4文字すなわち4音節なので，④を選びます。

22 (5) 問：与本文内容相符的是以下哪一项？
　　　　（本文の内容に合うものは，次のどれか。）
　　答：❶ 中国人喜欢"相机"、"电视"等两个字的说法。
　　　　　（中国人は"相机""电视"のような2文字の言い方を好む。）
　　　　② "的哥"、"面的"是在香港产生的。（"的哥""面的"は香港で出現した。）
　　　　③ "老王"、"小李"这样的称呼不容易听懂。
　　　　　（"老王""小李"のような呼び方は聞き取りにくい。）
　　　　④ "的士"和"巴士"用了很长时间才流行起来。
　　　　　（"的士"と"巴士"は長い時間を経てやっと流行し始めた。）

　　15行目"中国人觉得…两个字的词既容易懂，又简练"（中国人は…2文字の語だと分かりやすくかつ簡潔であると感じる）と合うので，①を選びます。

(6)〜(10)の中国語

㉚　张先生是一家公司的经理，有一次，他到一个城市出差，住在北方饭店，这是他第二次入住这家饭店。第二天早上，他走出房门准备去餐厅，在走廊里碰到的服务员恭敬地和他打招呼："张先生，您是去用早餐吗？"张先生很奇怪，问他："你怎么知道我姓张？"服务员回答："我们饭店规定，晚上要记住所有客人的姓名。"这使张先生吃了一惊，尽管他频繁（pínfán）往返于　5
全国各地，住过无数高级酒店，但碰到这种情况还是第一次。

　　张先生愉快地进了餐厅，餐厅的服务员热情地问："张先生，您还坐上次的位置吗？"张先生更吃惊了，他上一次在这里吃饭已经是一年前的事了，难道这里的服务员还记得？服务员主动解释说："为了更好地为顾客服务，电脑里保存了您上次来时的记录，您去年来的时候，说喜欢看院子里的风景，　10
选了3号桌，服务员说那儿的阳光太强，给您换到了6号桌。"张先生听了以后有些激动，忙说："对，我还坐那儿！"服务员接着问："早餐您吃点儿什么？"张先生说："我平时都是一个三明治、一杯咖啡和一个鸡蛋，今天把咖啡换成牛奶吧。"服务员说："为了增加营养，再来一盘水果怎么样？"张先生高兴地说："好哇，就按你说的吧。"
　　　　　　　　　　　　　　　　　　　　　　　　　　　　　　　　15

㉛　那以后的两年多，业务内容改变，张先生出差的机会少了。这期间，由于经济形势的影响，他的公司遇到了不少困难，张先生的工作一直非常紧张。有一天，他突然收到了北方饭店发来的一张贺卡。上面写着："亲爱的张先生，您已经两年没来我们这里了，我们非常想念您，希望能再次为您服务。祝您生日愉快！"拿着贺卡，张先生才想起了这一天是什么日子。
　　　　　　　　　　　　　　　　　　　　　　　　　　　　　　　　20

　　房门：ここでは「图部屋のドア」。「家の門」を指すこともある
　　往返于：…において行き来する。"往返"は「動行ったり来たりする」。"于"は
　　　　　　「介…において」

訳：張氏は会社の社長だ。あるとき，彼はある都市に出張し，北方ホテルに宿泊した。彼がそのホテルに泊まるのは2回目だった。翌朝，部屋を出てレストランに行こうとしていると，廊下で出会った従業員が彼に向かって丁寧にあいさつをした。「張様，朝食にお出かけですか。」張氏は奇妙に思って尋ねた。「どうして私が張という名前だと知っているのですか？」従業員は答えた。「私どものホテルでは，ご宿泊のお客様全員のお名前をその夜のうちに覚えるという決まりがございます。」これは張氏を大いに驚かせた。全国各地を頻繁に行き来して，数限りない高級ホテルに宿泊していたが，このようなことは

初めてだった。

　張氏は機嫌よくレストランに足を踏み入れた。レストランの従業員はにこやかに尋ねた。「張様、前回と同じお席になさいますか。」張氏はさらに驚いた。前回ここで食事をしたのはもう１年も前のことだ。まさかここの従業員はそれを覚えていたというのか。従業員は自らこう説明した。「お客様によりよいサービスをご提供するために，前回お見えになったときの記録をコンピューターに保存しております。昨年お越しになったときは，中庭の景色をご覧になりたいとおっしゃって，３番テーブルをお選びになりましたが，係の者がそこは日差しが強いからと申し上げて，６番テーブルをお勧めしました。」張氏はそれを聞くと感激し，急いでことばを続けた。「そうだったね，今日もやっぱりそこにするよ。」従業員は続けて尋ねた。「朝食は何をご用意いたしましょう。」張氏は言った。「普段はサンドイッチとコーヒー１杯，卵を１つ食べるんだが，今日はコーヒーではなく牛乳にしよう。」従業員は言った。「栄養のため，フルーツを１皿いかがですか。」張氏は上機嫌で言った。「いいだろう，君の言うとおりにするよ。」

　その後２年余り，業務内容が変わったため，張氏が出張する機会は少なくなった。この間，経済情勢の影響で彼の会社は少なからぬ困難に見舞われ，張氏の仕事はずっとたいへん忙しかった。ある日，彼は突然北方ホテルからのグリーティングカードを受け取った。そこには「親愛なる張様，すでに２年お運びいただいておりませんが，いかがお過ごしでしょうか。私どもはたいへん張様にお目にかかりたく，再度張様にご奉仕できますことを念願しております。お誕生日のお祝いを申し上げます。」カードを手にした張氏は，この日が何の日だったのかようやく思い出したのだった。

32 (6) 問：服务员为什么认识张先生？（従業員はどうして張氏を知っていたのか。）
　　答：① 因为他是第一次见张先生。（従業員は初めて張氏に会ったから。）
　　　　② 因为张先生是一家公司的经理。（張氏はある会社の社長だったから。）
　　　　❸ 因为他前一天晚上记住了。（前の日の晩に覚えたから。）
　　　　④ 因为张先生两年前来过。（張氏が２年前に来たことがあるから。）

　　　　４行目 "服务员回答：'我们饭店规定,晚上要记住所有客人的姓名。'"（従業員は答えた。「私どものホテルでは，ご宿泊のお客様全員のお名前をその夜のうちに覚えるという決まりがございます。」）から，③を選びます。

111

33 (7) 問：张先生是在哪儿吃的早餐？（張氏はどこで朝食をとったか。）
　　　答：① 电脑的旁边。（パソコンのそば。）
　　　　　❷ 6号桌。（6番テーブル。）
　　　　　③ 院子里。（中庭。）
　　　　　④ 3号桌。（3番テーブル。）

　　　座る場所について，張氏は12行目で"对，我还坐那儿！"（そうだったね，今日もやっぱりそこにするよ）と答えていて，"那儿"は11行目"服务员…给您换到了6号桌"（係の者が…6番テーブルをお勧めしました）の"6号桌"を指すので，②を選びます。

34 (8) 問：张先生早餐吃的是什么？（張氏は朝食に何を食べたか。）
　　　答：❶ 三明治、牛奶、鸡蛋、水果。（サンドイッチ，牛乳，卵，フルーツ。）
　　　　　② 三明治、牛奶、水果。（サンドイッチ，牛乳，フルーツ。）
　　　　　③ 三明治、咖啡、鸡蛋、水果。
　　　　　　（サンドイッチ，コーヒー，卵，フルーツ。）
　　　　　④ 三明治、鸡蛋、水果。（サンドイッチ，卵，フルーツ。）

　　　張氏は13行目で"我平时都是一个三明治、一杯咖啡和一个鸡蛋，今天把咖啡换成牛奶吧"（普段はサンドイッチとコーヒー1杯，卵を1つ食べるんだが，今日はコーヒーではなく牛乳にしよう）と言い，また従業員の14行目"为了增加营养，再来一盘水果怎么样？"（栄養のため，フルーツを1皿いかがですか）という勧めに，15行目"好哇，就按你说的吧"（いいだろう，君の言うとおりにするよ）と同意しているので，①を選びます。

35 (9) 問：以后张先生为什么没去北方饭店？
　　　　（その後，張氏はなぜ北方ホテルに行かなかったのか。）
　　　答：① 因为出差的机会多了。（出張の機会が増えたから。）
　　　　　② 因为公司没有遇到困难。（会社が困難に見舞われなかったから。）
　　　　　③ 因为他的工作不太紧张。（彼の仕事はあまり忙しくなかったから。）
　　　　　❹ 因为公司业务内容改变了。（会社の業務内容が変わったから。）

　　　16行目"那以后的两年多，业务内容改变，张先生出差的机会少了"（その後2年余り，業務内容が変わったため，張氏が出張する機会は少なくなった）から，④を選びます。

112

36 (10) 問：与本文内容相符的是以下哪一项？
（本文の内容に合うものは，次のどれか。）

答：① 张先生住过北方饭店，但没住过高级酒店。（張氏は北方ホテルに泊まったことがあるが，高級ホテルに泊まったことはない。）
② 张先生第二次住北方饭店时服务员很感动。（張氏が2度目に北方ホテルに泊まったとき，ホテルの従業員はとても感動した。）
③ 北方饭店知道客人的姓名，但不知道他们的生日。
（北方ホテルでは客の姓名は知っているが，生年月日は知らない。）
❹ 张先生忘记了那一天是自己的生日。
（張氏はその日が自分の誕生日であることを忘れていた。）

> 20行目"拿着贺卡，张先生才想起了这一天是什么日子"（カードを手にした張氏は，この日が何の日だったのかようやく思い出したのだった）から，④を選びます。

筆 記 （⇨問題94頁）

1 600字程度の文章を読み，流れをつかんで適当な語句を補う7問，不適当な語句を選ぶ1問，正しいピンインを選ぶ1問，内容の理解を問う1問に答えます。語句の知識と読解力を問います。　　　　　　　　　　（各2点）

解答：⑴❸　⑵❶　⑶❹　⑷❷　⑸❶　⑹❶　⑺❹　⑻❸　⑼❷　⑽❸

　　小时候，陈立 ⑴一 遇到什么不知道的事情，马上 ⑴就 去问父亲。但父亲很少回答他，总是让他去《十万个为什么》上找。他知道父亲是想培养他自己动手解决问题的能力，但是他懒得（lǎnde）去翻书，便常去问母亲。"妈妈，小蝌蚪（kēdǒu）为什么会变成青蛙呀？""妈妈，议论文怎么写呀？……"一直到上了大学，生活中碰到什么问题，陈立仍然打电话问母亲，觉得她什么都懂，什么都知道， ⑵简直 就是一部百科全书。

　　毕业后不久，他交了女朋友。有一天，女朋友说喜欢吃红烧肉，他马上说："我今天就给你做。"晚上，他买 ⑶回来 了各种材料，但是没进厨房，而是拿起了电话，问妈妈红烧肉的做法。母亲在那头儿扑哧（pūchī）地笑了，然后拿着电话一步步细致地指导他做出了一份香喷喷（xiāngpēnpēn）的红烧肉。女孩尝了一块儿说："可真好吃！不过，一边打长途电话，一边做菜，电话费 ⑷也 太贵了吧，你为什么不上网查呢？ ⑸再说 你已经长大成人了，也不能什么都离不开妈妈呀。"对呀，上网查很方便，轻轻敲敲键盘（jiànpán），按按⑹鼠标 shǔbiāo，答案就出来了，还有照片。从那以后，陈立就不 ⑺这么／那么／怎么 给母亲打电话了。

　　新年和女朋友回家，他看到了一个笔记本，上面密密麻麻地写 ⑻满 了很多生活常识。父亲说："你妈不知从什么时候开始，就喜欢把在书上、电视上看到的各种知识抄下来，还专门归了类，为的是在你打电话问她的时候，能够准确快速地回答。每次回答了你的问题，她都很高兴，可是最近很少看到她高兴的样子了。"陈立很感动，心中涌起（yǒngqǐ）一阵暖流，眼睛也湿润（shīrùn）了。女朋友也说："记这么多笔记，要用多少时间哪！"这时，母亲从厨房出来了，陈立和女朋友不约而同地说："我们还想自己做红烧肉，您再教给我们一遍好吗？"妈妈作出生气的样子说："我 ⑼不是 告诉过你 ⑼吗 ？怎么不记着呢？"顺手习惯地拿起了笔记本。

《十万个为什么》：『十万個のなぜ』。1958年から出版されている子供向けのＱ＆Ａ形式による科学百科事典。

懒得：動…するのが面倒である

小蝌蚪："蝌蚪"は「名おたまじゃくし」

议论文：名小論文

那头儿：まず。"头儿"は「名物事の始めや終わり」で，ここでは「始め」

扑哧：擬噴き出す笑い声を表す

香喷喷：形ぷんぷんとよいにおいがする

暖流：「(海流の) 暖流」から「名心に感じる温かみ」

不约而同：成事前に相談なく，お互いの見解や行動が一致する

訳：幼い頃，陳立は分からないことに出くわすと，すぐ父親に質問した。しかし父親はほとんど答えてはくれず，いつも『十万個のなぜ』で（答えを）探すように言った。彼は父親が自分で問題を解決する能力を養いたいのだなと分かってはいたものの，本を調べるのは面倒なので，いつも母親に尋ねに行った。「お母さん，オタマジャクシはどうしてカエルになるの？」「お母さん，小論文ってどう書くの？…」大学に入ってまでも，暮らしの中で何か問題につきあたると，陳立はやはり母親に電話して尋ね，母親は何でも分かる，何でも知っているんだから，まるで百科事典じゃないか，と思っていた。

　卒業後いくらも経ない頃，彼にガールフレンドができた。ある日，彼女が紅焼肉（ホンシャオロウ）（豚肉のしょう油煮込み）が好きだというので，彼はすぐに「今日君に作ってあげるよ。」と言った。夜，彼は様々な材料を買って帰ってきたが，台所には行かず，電話を取り上げると，母親に紅焼肉の作り方を尋ねた。母親はまずプッと噴き出してから，受話器を片手に一つ一つ丁寧に指示を与え，いいにおいのする紅焼肉を作らせた。ガールフレンドは一口味わって言った。「ほんとにおいしい！でも，長距離電話をしながら料理を作るなんて，電話代もけっこうかかるでしょう？どうしてネットで調べないの？それに，もう大人なんだから，何でもお母さんじゃなきゃなんてだめよ。」そうだ，ネットで検索すれば便利だ，ちょっとキーボードを軽くたたいたりマウスをクリックすれば答えはすぐ出るし，写真まである。それからは，陳立は母親にあまり電話をしなくなった。

　新年にガールフレンドと帰省すると，彼は1冊のノートを見つけた。中には様々な生活常識がびっしりと書かれていた。父親が教えてくれた。「お前のお母さんはいつからか，本やテレビで見つけたいろんな情報をメモしておいて，その上きちんと分類するようになったんだ，おまえが電話でお母さんに尋ねて

きたとき，正確に早く答えられるようにね。おまえの質問に答えた後，お母さんはいつも喜んでいたんだが，最近は喜んでいる様子はめったに見られなくなっていたな。」陳立は感動し，心の中に温かなものがわき上がってきて，目も潤んできた。ガールフレンドも「こんなにたくさんのメモをするのに，どのくらいかかったのかしら！」と言った。この時，母親が台所から出て来たので，陳立とガールフレンドは期せずして同時にこう言った。「私たちまた自分で紅焼肉を作りたいんだけど，もう一度教えてくれませんか。」母親は怒ったふりをして，「私，教えたでしょ？どうして覚えてないの？」と言い，慣れた手つきでノートを手に取った。

(1) 空欄補充

陈立□遇到什么不知道的事情，马上□去问父亲
（陳立は分からないことに出くわすと，すぐ父親に質問した）

① 才…就…　（…したばかりですぐ…）
② 如果…那…（もし…ならば…）
❸ 一…就…　（…するとすぐ…）
④ 不论…也…（…であろうと…）

> "遇到什么不知道的事情"（分からないことに出くわす）と"马上去问父亲"（すぐ父親に質問した）がどのような関係で結び付けられるかを考え，③を選びます。

(2) 空欄補充

觉得她什么都懂，什么都知道，□就是一部百科全书（母親は何でも分かる，何でも知っているんだから，まるで百科事典じゃないか，と思っていた）

❶ 简直（副 ほとんど）
② 索性（副 いっそのこと）
③ 毕竟（副 結局。つまり）
④ 到底（副 とうとう）

> "什么都懂,什么都知道,就是一部百科全书"（何でも分かる,何でも知っているんだから,百科事典じゃないか）という文脈に合い，"就"（ほかでもなく）とともに"是"を修飾する副詞①を選びます。

(3) 空欄補充

他买□了各种材料（彼は様々な材料を買って帰ってきた）
① 出来（〔方向補語として〕外側，話し手へ向かうことなどを表す）
② 起来（〔方向補語として〕上へ向かうことなどを表す）
③ 上来（〔方向補語として〕高い所，近い所へ向かうことなどを表す）
❹ 回来（〔方向補語として〕元の場所に戻ることなどを表す）

> 様々な材料を買った後，家に戻ってくるわけなので，意味から適当な④を選びます。

(4) 空欄補充

一边打长途电话，一边做菜，电话费□太贵了吧（長距離電話をしながら料理を作るなんて，電話代もけっこうかかるでしょう？）
① 更（副いっそう）
❷ 也（副まあ…でしょう）
③ 还（副さらに）
④ 都（副みんな）

> "一边打长途电话，一边做菜，电话费太贵了吧"（長距離電話をしながら料理を作るなんて，電話代がすごくかかるでしょう？）という文脈に合い，"吧"とともに批判的な語気を和らげる②を選びます。

(5) 空欄補充

□你已经长大成人了，也不能什么都离不开妈妈呀
（それに，もう大人なんだから，何でもお母さんじゃなきゃなんてだめよ）
❶ 再说（接それに。もう一つには）
② 以及（接および）
③ 加以（接〔一歩踏み込んだ原因や条件を表す〕その上）
④ 同时（接それと同時に）

> 空欄の文は，その前の11行目"一边打长途电话，一边做菜，电话费也太贵了吧，你为什么不上网查呢？"（長距離電話をしながら料理を作るなんて，電話代もけっこうかかるでしょう？どうしてネットで調べないの？）に加えて，問題点を述べています。累加の意味を表すのに適当な①を選びます。

(6) ピンイン表記

鼠标

❶ shǔbiāo

② shùbiāo

③ shǔpiāo

④ shùpiāo

> 「名（コンピューターを操作する）マウス」。正式には"鼠标器"と言います。

(7) 空欄補充（不適合）

从那以后，陈立就不□□给母亲打电话了

（それからは、陳立は母親にあまり電話をしなくなった）

① 这么（代このように）

② 那么（代そのように）

③ 怎么（代どのように）

❹ 什么（代何）

> ①②③は前に"不"がついて、「それほど…ではない」という文脈に合った意味になりますが、④はそうではありません。

(8) 空欄補充

他看到了一个笔记本，上面密密麻麻地写□□了很多生活常识（彼は1冊のノートを見つけた。中には様々な生活常識がびっしりと書かれていた）

① 多（〔結果補語として〕多すぎる状態になることを表す）

② 够（〔結果補語として〕十分な状態になることを表す）

❸ 满（〔結果補語として〕いっぱいになることを表す）

④ 完（〔結果補語として〕完了することを表す）

> 動詞"写"の結果補語となり"密密麻麻地"（びっしりと）と符合する意味になる③を選びます。

(9) 空欄補充

妈妈作出生气的样子说："我□□告诉过你□□？怎么不记着呢？"（母親は怒ったふりをして、「私、教えたでしょ？どうして覚えてないの？」と言い）

① 不是…呢（…ではないですよ）

❷ 不是…吗（…ではないですか）

③ 不是…吧（…ではないでしょう）

④ 不是…啊（…ではないですよ）

> 母親が怒ったふりをして言う"我告诉过你"（私はあなたに教えた）に反語の意味をもたせる②を選びます。

⑽ 内容の一致

① 陈立的父亲没有他母亲的生活常识多。
（陳立の父親は母親ほど生活上の常識を知らない。）

② 陈立的女朋友把红烧肉的照片登在了网上。
（陳立のガールフレンドは紅燒肉の写真をネットで公開した。）

❸ 看到笔记本，陈立和他的女朋友产生了同样的想法。
（ノートを見て，陳立とガールフレンドは同じ思いを抱いた。）

④ 陈立忘了做红烧肉的方法，他母亲生气了。
（陳立が紅燒肉の作り方を忘れたので，彼の母親は怒った。）

> 20行目"陈立很感动…女朋友也说…陈立和女朋友不约而同地说…"（陳立は感動し…ガールフレンドも…と言った。…陳立とガールフレンドは期せずして同時にこう言った…）と合うので，③を選びます。

2

解答：(1)❹ (2)❷ (3)❶ (4)❹ (5)❸ (6)❶ (7)❹ (8)❸ (9)❷ (10)❹

1. 正しい文を選びます。語順や語句の用法の理解を問います。　　（各2点）

(1) ① 你父母没看到好久了，请向他们替我问好。

② 没看到你父母好久了，请问好替我向他们。

③ 没看到好久你父母了，请问好向他们替我。

❹ 好久没看到你父母了，请替我向他们问好。（ご両親には長らくお目にかかっておりませんが，どうぞよろしくお伝えください。）

> 後半の意味を，用いられている語句を見て「よろしくお伝えください」と推測します。"替…向〜问好"（…に代わって〜によろしく言う）という決まった語順になっているのは④です。前半も"好久"（たいへん長い）が"没看到"（会っていない）の前にあって連体修飾語となり，正しい

119

語順になっています。②の前半も文として言うことはできますが，後半が正しくありません。

(2) ① 怎么样不管，我们明天都去得试试。
❷ **不管怎么样，明天我们都得去试试。**
（何はともあれ，明日は行ってみなければならない。）
③ 怎么样不管，我们都得去明天试试。
④ 不管怎么样，明天我们都去得试试。

> 接続詞"不管"（…にかかわらず）は文頭に来るので，まず①③が除外されます。②④の違いは"得"と"去"の語順ですが，助動詞"得"は動詞"去"の前に置かれますので，②を選びます。

(3) ❶ **这个有点儿贵，有便宜一点儿的吗？**
（これは少し高いです，もう少し安いのはありますか。）
② 这个有贵一点儿，便宜点儿的有吗？
③ 这个有点儿贵，有一点儿便宜的吗？
④ 这个贵有一点儿，有便宜点儿的吗？

> 「"有点儿"＋望ましくない意味を表す形容詞や動詞」で「どうも少し～だ」，「形容詞＋"一点儿"」で何かと比較した結果生じる差が「少しだ」という意味を表します。買い物をしている話し手が，"贵"（〔価格が〕高い）については望ましくないと思っているので"有点儿"が，"便宜"については先に見た商品と比較した結果少し安いものを求めているので"一点儿"が，それぞれ上記の語順で用いられた①を選びます。

(4) ① 拿到免税柜台护照，办理退税手续就可以。
② 护照拿到免税柜台，退税就办理手续可以。
③ 护照到免税柜台拿，可以就办理退税手续。
❹ **拿护照到免税柜台，就可以办理退税手续。**
（パスポートを免税カウンターに持って行けば，免税の手続きができます。）

> 用いられている語句を見て，前半を「パスポートを免税カウンターに持って行く」，後半を「免税の手続きができる」という意味であると，また前半と後半は条件と結果の関係にあると推測します。前半は④の「"拿护照"（パスポートを持つ）＋"到免税柜台"（免税カウンターに行く）」

という動作・行為の行われる順に述べる連動文で表すことができます。④は後半も「助動詞"可以"+動詞"办理"+目的語"退税手续"（免税の手続き）」という正しい語順で，それが条件を受けて結果を示す副詞"就"の後に置かれています。免税の手続きの仕方を説明する文としてはこれが適当ですが，①の後半，②の前半も文としては言うことができます。意味が少し異なり，①の後半は"办理退税手续"を，②の前半は"护照"を取り立てた言い方になります。

(5) ① 这些就要吗？看还不看别的？
② 要就这些吗？别的还看不看？
❸ 就要这些吗？还看不看别的？
（このくらいだけご入用でよろしいですか。ほかの物もご覧になりますか。）
④ 就这些要吗？还别的看不看？

　　1番目の文が正しく「副詞"就"+動詞"要"+目的語"这些"」の語順になっているのは③です。"就"はここでは"只"と同じ「…だけ」という意味。③は2番目の文も「副詞"还"+動詞"看"+目的語"别的"」となっています。2番目の文について言えば，②のように言うこともできます。

2. 同じ意味になる語句を選びます。語句の意味についての知識を問います。

(各2点)

(6) 父母工作忙，忽视了对他的教育，使他养成了<u>大手大脚</u>的习惯。（両親は仕事が忙しく，彼の教育をないがしろにしたため，彼に金遣いが荒い習慣をつけた。）
❶ 花钱没节制，浪费。（金銭感覚がなく，むだ遣いをする。）
② 做事不冷静，慌张（huāngzhang）。
（物事を行うのに冷静でなく，そそっかしい。）
③ 生活不检点，随便。（生活に節度がなく，適当である。）
④ 学习不认真，马虎。（勉強に真面目でなく，いいかげんである。）

　　①～④はすべて"忽视了对他的教育"（彼の教育をないがしろにした）の結果の"习惯"として望ましくないことを表していますが，"大手大脚"は「金遣いが荒い」なので，①を選びます。出典はそれほど古くはなく，『紅楼夢』第51回"成年家<u>大手大脚</u>的；替太太不知背地里赔垫了多

第88回　解答と解説　[筆記]

121

少东西"（年がら年中，パッパッと気前よく，奥方さまの代わりにどれくらい陰で自腹を切ってお出しになっているかわからぬほどで）（松枝茂夫訳，岩波文庫）から来ていますが，そこではよい意味で用いられています。

(7) 小学毕业已经这么长时间了，老师未必记得我了。（小学校を卒業してもうこんなに長い時間が経ったのだから，先生は私を覚えているとは限らない。）
① 不可能。（ありえない。）
② 不在意。（気にしない。）
③ 不值得。（値しない。）
❹ 不一定。（定かではない。）

"未必"は「副…とは限らない」なので，④を選びます。"小学毕业已经这么长时间了"（小学校を卒業してもうこんなに長い時間が経った）という状況から，"老师记得我"（先生が私を覚えている）ということについてどうなのかを推測することもできます。

(8) 她爷爷是一家公司的老总，总把生产、销售、利润等话题挂在嘴边儿上。（彼女の〔父方の〕祖父はある会社の社長で，常に生産，販売，利益などの話題を口にしている。）
① 会计（kuàiji 名会計。経理）
② 顾问（名顧問）
❸ 经理（名社長）
④ 理事（名理事）

"老总"はここでは"总经理"に対する敬称なので，③を選びます。"总工程师"（技師長），"总编辑"（編集長）などの人についても用います。日本語の「経理」は①の"会计"になります。

(9) 大家都看得出来，他这样做是别有用心。
（みなは見抜いている，彼がこのようにするのには下心があると。）
① 另有与众不同的特点。（ほかの人々とは異なる特徴がある。）
❷ 另有不可告人的企图。（ほかに人に言えないくらみがある。）
③ 另有独一无二的构思。（ほかに唯一無二の構想がある）
④ 另有周到细致的考虑。（ほかに周到で細やかな考えがある。）

"别有用心"は「成言論や行動に（表面的なものとは）ほかに人に言え

ないたくらみがある」なので，②を選びます。"大家都看得出来"（みなは見抜いている）から，よくない意味をもつものと推測することもできます。

(10) 这件事很重要，你不应该抱着无所谓的态度对待。
（この件はとても重要だ。どうでもいいという態度で対処すべきではない。）
① 不满意。（不満である。）
② 不严肃。（真面目でない。）
③ 不认真。（真剣でない。）
❹ 不在乎。（気にかけない。）

①～④はすべて重要な事に対して対処するのに"不应该抱着的态度"（とるべきではない態度）を表していますが，"无所谓"は「動気にかけない」なので，④を選びます。

[3] 適当な語句を補います。読解力と語句の知識を問います。　　　（各2点）

解答：(1)❷　(2)❷　(3)❹　(4)❶　(5)❷　(6)❹　(7)❸　(8)❶　(9)❷　(10)❸

(1) 这座古城已经有（ 将近 ）三千年的历史了。
（この古城は三千年になんなんとする歴史がある。）
① 贴近（動接近する）
❷ 将近（副〔時間や数量などが〕じきに）
③ 靠近（動〔距離が〕間近である。近づく）
④ 邻近（動〔位置が〕近づく）

"三千年"という時間について用いるのに適当な②を選びます。

(2) 工作太忙，没有时间收拾，房间里（ 乱七八糟 ）的。
（仕事が忙しすぎて片づける時間がなく，部屋の中は散らかり放題だ。）
① 三长两短（成もしものこと。死を意味することが多い）
❷ 乱七八糟（成ひどく混乱しているさま）
③ 五花八门（成多種多様であるさま）
④ 七上八下（成不安で心が乱れるさま）

"工作太忙，没有时间收拾"（仕事が忙しすぎて片づける時間がない）と，部屋はどうなるか，意味から適当な②を選びます。

(3) 接连几天熬夜（áoyè），你的身体（ 吃不消 ）了吧？
（連日の徹夜で，あなたの身体はもたないのでは？）
　① 吃不起（〔経済的な負担能力がなくて〕食べられない）
　② 吃不动（〔十分食べたのでもう〕食べられない）
　③ 吃不开（形受けない。歓迎されない）
　❹ 吃不消（動耐えられない）

> ①～④の「動詞"吃"＋可能補語の否定形」のうち，"身体"について用いるのに意味から適当な④を選びます。

(4) 各国学者（ 围绕 ）全球经济一体化的话题展开了热烈的讨论。（各国の研究者はグローバル経済の一体化という話題をめぐって熱心な討論を繰り広げた。）
　❶ 围绕（動ある問題や事柄を中心とする）
　② 伴随（動従う）
　③ 包围（動取り囲む）
　④ 随同（動随行する）

> "全球经济"は「グローバル経済」。"话题"について用いるのに意味から適当な①を選びます。

(5) 从今年一月起，公司增加了每个月的交通费（ 补贴 ）。
（今年の１月より，会社は毎月の通勤手当を増額した。）
　① 补缺（動欠員を補う）
　❷ 补贴（名手当。補助金）
　③ 补足（動補充する）
　④ 补票（動乗車・乗船してから切符を買ったり，切符をなくしたり乗り越したりしたときに切符を買う）

> "交通费"の後について"增加了"の目的語となる品詞と意味から適当な②を選びます。

(6) （ 爱护 ）公物，人人有责。
（公共物を大切にするのは，一人一人の責任である。）
　① 保洁（動清潔を保つ）
　② 保持（動保持する）

124

③ 防护（動保護する）
❹ 爱护（動愛護する。大切にする）

　　"公物"（图公共物）について用いるのに意味から適当な④を選びます。この文は公園などでよく見かける標語です。"公物"の逆は"私产"（私有物）。

(7) 政府目前拿不出那么多钱改建机场，希望大家（　体谅　）我们的困难。（政府は今のところ空港改築のためにそんなに多額の費用を出すことができない。我々の苦境をご理解いただきたい。）
　① 原谅（動〔誤りを〕許す）
　② 准许（動許可する）
　❸ 体谅（動理解する。思いやる）
　④ 默许（動黙認する）

　　"改建"は「動改築する」。"困难"について用いるのに意味から適当な③を選びます。

(8) 这次比赛，每个运动员（　表现　）得都非常优异。
　（今度の試合は，どの選手も非常に目覚ましい戦いぶりであった。）
　❶ 表现（動〔人の動作・表情・気持ち，事柄の性質・変化などを〕表現する）
　② 显示（動〔性質，力，気概などを〕明らかに表現する）
　③ 表示（動〔ことばや行為で考え，感情，態度などを〕表す）
　④ 体现（動体現する。〔性質や現象を事物に具体的に〕表す）

　　"优异"は「形（成績や表現などが）優れている」。選手の試合での動作，戦いぶりについて用いるのに意味から適当な①を選びます。

(9) 车速太快，一时停不（　下来　）。
　（車のスピードが速すぎて，すぐには停まれない。）
　① 过来（〔方向補語として〕話し手に近づくこと，派生義として本来の正常な状態に戻ることなどを表す。）
　❷ 下来（〔方向補語として〕，話し手に向かって下に移動してくること，派生義として動作・行為の完成や結果などを表す）
　③ 过去（〔方向補語として〕話し手から遠ざかったり通過していくこと，派生義として本来の正常な状態を離れることなどを表す）

125

④ 下去（〔方向補語として〕話し手から離れて下に移動していくこと，派生義として「…し続ける」という未来への動作の継続などを表す）

> 「動詞"停"+"不"+方向補語」で可能補語の否定形になっています。"下来"はここでは派生義のほうで，"停不下来"で「停まることを完成できない」から「停まれない」という意味になります。

⑽ 麻烦你（ 转告 ）他，我明天不能来了。
（お手数ですが，彼にお伝えください，私は明日来られなくなりました。）
① 转口（動他の港や国を経由して輸出する。"口"は"港口"のこと）
② 传递（動次から次へ送り伝える）
❸ 转告（動伝言する）
④ 传说（動話し伝えられている）

> 意味から適当な③を選びます。伝言をお願いするとき，"麻烦你转告他"などと言ったあと，伝言の内容を言うわけです。

4 500字程度の文章を読み，流れをつかんで適当な語句を補う３問，正しいピンインを選ぶ１問，内容の理解を問う１問，日本語に訳す１問に答えます。語句の知識，読解力，日本語の翻訳力を問います。（⑴～⑸各２点，⑹各５点）

解答：⑴❷　⑵❹　⑶❶　⑷❶　⑸❸　⑹⇨130頁

　　有个少年认为自己最大的缺点是胆小，(a)为此他很自卑（zìbēi），觉得自己的前途没有一点儿希望。有一天，他鼓起勇气去看心理医生。医生听了他的诉说后，拍了拍他的肩膀笑着说："这怎么是缺点呢？ ⑴分明 是个优点嘛！你只不过是非常谨慎罢了，而谨慎的人总是很可靠，办事稳妥（wěntuǒ），很少出问题。"听到医生这么说，少年 ⑵有些 迷惑（míhuo）不解，他问医生："胆小要是优点的话，难道说胆大反倒（fǎndào）成了缺点了吗？"医生摇摇头说："不，胆大也不是缺点。胆小是优点，胆大是另外一种优点。"听了这话以后，少年的心里轻松了很多，脸上也露出了笑容。
　　医生又问少年："你觉得喜欢喝酒是优点，还是缺点？"少年说：" ⑶就算 不是缺点， ⑶也 不能说是优点吧？"医生说："你听说过'李白斗（dǒu）酒诗百篇'的说法吧？"少年马上回答："听说过，听说过！他和陶渊明一样，都是爱喝酒的诗人。很多诗人都是喝了酒以后写出了好作品， ⑷对 他们

[(4)来说]，喝酒当然不能说是缺点！"医生鼓掌笑道："对！你说得对。这就是说，(b)优点和缺点是因人而异的，放在不同的人身上，性质并不一样。如果你是冒险家，胆小也许是缺点；如果你是司机，胆小就是优点，可以避免交通事故，保证安全行驶（xíngshǐ）。所以，每个人都不要轻易地否定自己，把自己的某些特点当成（dàngchéng）缺点；也不要盲目地骄傲自满，夸大自己的某些长处。"

　心理医生：心療内科医

　稳妥：形 確かである。妥当である

　迷惑不解：困惑する。"迷惑"は「形戸惑っている」。「迷惑である」という意味はない。"不解"（解せない。分からない）とよくいっしょに用いられる

　反倒：副 かえって。"反而"と同じ

　李白斗酒诗百篇：杜甫（712-770）の詩《飲中八仙歌》の一節。"斗"は"10升"で約1.94リットル。李白（701-762）の酒に関する詩に《月下独酌》《将进酒》《山中与幽人対酌》など

　陶渊明：365-427。酒に関する詩に《饮酒二十首》《止酒》《述酒》など

訳：ある少年は，自分の最大の短所は臆病であることだと思い，(a)そのために彼はずいぶん劣等感をもっていて，自分の前途にはまったく希望がないと思っていた。ある日，彼は勇気を出して心療内科医に診てもらいに行った。医者は彼の訴えを聞いた後，彼の肩を軽くたたいて笑いながら言った。「それがどうして短所なんでしょう？明らかに長所じゃないですか！君は非常に慎重なだけですよ。しかも慎重な人間はいつも信頼が置けるし，やることが確実だから，問題が起こることがほとんどありません。」医者がそう言うのを聞いて，少年はいささか困惑し，医者に尋ねた。「臆病が長所なら，肝が太いのはかえって短所だとでもおっしゃるんですか。」医者はかぶりを振って言った。「いいえ，大胆なのも短所ではありません。臆病は長所ですが，大胆もまた別の長所なのです。」この話を聞くと，少年はずいぶん気が楽になって，顔にも笑みが浮かんだ。

　医者はさらに少年に尋ねた。「君は酒好きは長所だと思いますか，それとも短所だと思いますか。」少年が「短所とは言えなくても，長所とも言えないでしょう？」と言うと，医者は「『李白斗酒詩百篇（李白は一斗の酒を飲んで百篇の詩を作った）』っていうのを聞いたことがあるでしょう？」と言った。少年はすぐに答えた。「あります，あります！彼は陶淵明と同じで，どちらも酒を愛する詩人です。多くの詩人は酒を飲んでよい作品を書きましたから，彼らにとっ

ては，酒を飲むのは当然短所とは言えません！」医者は手を打って笑って言った。「そう！君の言うとおりです。つまり，(b)長所と短所は人によって違っていて，それぞれ異なる人間に当てはめれば，性質は決して同じではありません。もし君が冒険家なら，臆病なのは短所かもしれません。もし君が運転手なら，臆病なのは長所です。交通事故を避けることができて，安全運転を保証します。だから，誰でも簡単に自分を否定して，自分の特徴を短所だと見なしてはいけないし，むやみにおごり高ぶっていい気になり，自分の長所を過大評価してもいけないのです。」

(1) 空欄補充

这怎么是缺点呢？ ____ 是个优点嘛！

（それがどうして短所なんでしょう？明らかに長所じゃないですか！）

① 明白（形明らかである）
❷ 分明（副明らかに）
③ 清楚（形はっきりしている）
④ 显著（形顕著である）

　　"这怎么是缺点呢？"は反語で，短所ではないことを強調しており，続く空欄の文は同じ方向で述べています。動詞"是"を修飾するのに品詞と意味から適当な②を選びます。

(2) 空欄補充

少年 ____ 迷惑不解（少年はいささか当惑し）

① 一些（数量少し）
② 多少（副少し。多少）
③ 一点（数量少し）
❹ 有些（副少し。いささか）

　　まず名詞を修飾する数量詞の①③は除外されます。次に②④のうち，用法上，"迷惑不解"を直接修飾することができるのは④です。②は④と組み合わさり"少年多少有些迷惑不解"とすれば用いることはできます。

(3) 空欄補充

____ 不是缺点，____ 不能说是优点吧？

（短所とは言えなくても，長所とも言えないでしょう？）

❶ 就算…也…（たとえ…でも…）
② 任凭…也…（…にかかわらず…。たとえ…でも…）
③ 无论…也…（…にかかわらず…）
④ 不管…也…（…にかかわらず…）

> 主語は9行目"喜欢喝酒"（酒好き）。少年のこの時点での考えにおける"不是缺点"（短所ではない）と"不能说是优点"（長所とは言えない）の関係を考え，仮定条件と譲歩を表す意味から適当な①を選びます。

(4) 空欄補充

很多诗人都是喝了酒以后写出了好作品，☐他们☐，喝酒当然不能说是缺点！（多くの詩人は酒を飲んでよい作品を書きましたから，彼らにとっては，酒を飲むのは当然短所とは言えません！）

❶ 对…来说…（…にとっては…）
② 至于…说…（…となると…）
③ 关于…来说…（…について言えば…）
④ 对…说…（…に対し…と言う）

> "他们"は「酒を飲んでよい作品を書いた多くの詩人」。"喝酒当然不能说是缺点"（酒を飲むのは当然短所とは言えません）は，その"他们"について言っていることを取り立てて言う①を選びます。

(5) 内容の一致

① 因为少年很自卑，觉得没有前途，所以胆小、谨慎。
（少年は劣等感があり，前途がないと思っていたので，臆病で慎重だった。）

② 优点和缺点是绝对的，不能互相转换。
（長所と短所は絶対的なもので，互いに入れ換えることはできない。）

❸ 优点和缺点是相对的，不能一概而论。
（長所と短所は相対的なもので，一概に論ずることはできない。）

④ 因为只有喝酒才能写出好诗来，所以诗人喝酒是优点。（酒を飲んではじめてよい詩を書くことができるので，詩人が酒を飲むのは長所である。）

> 13行目"这就是说，优点和缺点是因人而异的，放在不同的人身上，性质并不一样"（つまり，長所と短所は人によって違っていて，それぞれ異なる人間に当てはめれば，性質は決して同じではありません）という結論とその後に述べられた具体例と合うので，③を選びます。

(6) 中文日訳
- (a) 为此他很自卑，觉得自己的前途没有一点儿希望。
  そのために彼はずいぶん劣等感をもっていて，自分の前途にはまったく希望がないと思っていた。
- (b) 优点和缺点是因人而异的，放在不同的人身上，性质并不一样。
  長所と短所は人によって違っていて，それぞれ異なる人間に当てはめれば，性質は決して同じではありません。

> (b)の"因人而异"は「人によって異なる」。"医生因人而异地治疗病人"（医者は患者に応じて治療する）のように「人に応じて異なる対応をとる」という意味でも用いられます。"放在"（…の上に置く）は，ここでは目的語が"身上"（身）なので「…に当てはめる」と訳します。

5 やや長めの文5題を中国語に訳します。日常で常用の語句，表現を用いて文を組み立てる能力を問います。 (各4点)

(1) 今日は時間がないのなら，また次回ということにしよう。
要是今天没有时间，那就下次再说吧。

> 「…のなら」は他の仮定を表す"如果""…的话"を用いてもかまいません。結論は，"那"（それでは）または"就"だけで始めても，"那我们就…"のように主語を加えてもかまいませんが，"那就"と続けるのが最も適当です。

(2) もう12時だ，最終電車に乗り遅れそうだ。
已经十二点了，恐怕赶不上末班车了。

> 「もう…だ」は"都…了"でもかまいません。「最終電車」は"末班车"で，「最終バス」にも用います。「乗り遅れる」は，「乗る」などの動詞を用いず「間に合わない」という意味の"赶不上"で表すことができます。「…そうだ」はこの場合，望ましくない結果を予想しているので"恐怕"を用います。文末に新しい事態の発生や変化を確認する語気助詞"了"を置きます。

(3) この切手をハガキに貼ってください。
请把这张邮票贴在明信片上。

> 語句に難しいものはありません。介詞"把"を用いる場合の正しい語順「"把"＋動作・行為を受ける物"这张邮票"＋動詞"贴"＋その他の成分"在明信片上"」に並べます。"邮票"の量詞は"张"。"明信片"の後に"上"をつけるのを忘れないようにします。"请"の後に"你"などを入れてもかまいません。また，"请"を用いず，文末に"吧"をつけるだけでもかまいません。

(4) 彼はあまりにも疲れていたので，音楽を聴いているうちに眠ってしまった。
他太累了，听着音乐就睡着了。

> 「あまりにも…だ」は"太…了"。「…しているうちに～」は「動詞＋"着"（目的語）＋"就"～」のかたちで表します。「眠ってしまう」は"睡觉"ではなく"睡着"を用います。もちろん，原因と結果を表す"因为…，所以～"を加えてもかまいません。

(5) 雨はやんだから，傘を持って行かなくてもいいよ。
雨停了，不用带伞去了。

> 「…しなくてもいいよ」はこの場合，「雨はやんだ」という状況の変化を受けているので「…しなくてもよくなったよ」ととらえ，語気助詞"了"をつけて"不用…了"とします。「傘を持って行く」は「"带伞"（傘を持つ）＋"去"（行く）」という動作・行為の行われる順に並べる連動文を用います。

中国語検定試験について

　一般財団法人 日本中国語検定協会が実施し，中国語運用能力を認定する試験です。受験資格の制限はありません。また，目や耳，肢体などが不自由な方には特別対応を講じます。中国語検定試験の概要は以下のとおりです。詳しくは後掲の日本中国語検定協会のホームページや，協会が発行する「受験案内」をご覧いただくか，協会に直接お問い合わせください。

認定基準と試験内容

準4級	**中国語学習の準備完了** 学習を進めていく上での基礎的知識を身につけていること。 (学習時間 60〜120 時間。一般大学の第二外国語における第一年度前期修了，高等学校における第一年度通年履修，中国語専門学校・講習会などにおいて半年以上の学習程度。) 基礎単語約 500 語（簡体字を正しく書けること），ピンイン（表音ローマ字）の読み方と綴り方，単文の基本文型，簡単な日常挨拶語約 50〜80。
4 級	**中国語の基礎をマスター** 平易な中国語を聞き，話すことができること。 (学習時間 120〜200 時間。一般大学の第二外国語における第一年度履修程度。) 単語の意味，漢字のピンイン（表音ローマ字）への表記がえ，ピンインの漢字への表記がえ，常用語 500〜1,000 による中国語単文の日本語訳と日本語の中国語訳。
3 級	**自力で応用力を養いうる能力の保証（一般的事項のマスター）** 基本的な文章を読み，書くことができること。 簡単な日常会話ができること。 (学習時間 200〜300 時間。一般大学の第二外国語における第二年度履修程度。) 単語の意味，漢字のピンイン（表音ローマ字）への表記がえ，ピンインの漢字への表記がえ，常用語 1,000〜2,000 による中国語複文の日本語訳と日本語の中国語訳。
2 級	**実務能力の基礎づくり完成の保証** 複文を含むやや高度の中国語の文章を読み，3 級程度の文章を書くことができること。 日常的な話題での会話が行えること。 単語・熟語・慣用句の日本語訳・中国語訳，多音語・軽声の問題，語句の用法の誤り指摘，100〜300 字程度の文章の日本語訳・中国語訳。

準1級	実務に即従事しうる能力の保証（全般的事項のマスター） 社会生活に必要な中国語を基本的に習得し，通常の文章の中国語訳・日本語訳，簡単な通訳ができること。 （一次）新聞・雑誌・文学作品・実用文などやや難度の高い文章の日本語訳・中国語訳。 （二次）簡単な日常会話と口頭での中文日訳及び日文中訳など。
1級	高いレベルで中国語を駆使しうる能力の保証 高度な読解力・表現力を有し，複雑な中国語及び日本語（例えば挨拶・講演・会議・会談など）の翻訳・通訳ができること。 （一次）時事用語も含む難度の高い文章の日本語訳・中国語訳。熟語・慣用句などを含む総合問題。 （二次）日本語と中国語の逐次通訳。

日程と時間割

　準4級，4級，3級，2級及び準1級の一次試験は3月，6月，11月の第4日曜日の年3回，1級の一次試験は11月の第4日曜日の年1回実施されます。

　一次試験は次の時間割で行われ，午前の級と午後の級は併願ができます。

午前			午後		
級	集合時間	終了予定時間	級	集合時間	終了予定時間
準4級	10:00	11:15	4級	13:30	15:25
3級		11:55	2級		15:45
準1級		12:15	1級		15:45

　準1級と1級の二次試験は，一次試験合格者を対象に，一次が3月，6月の場合は5週間後，一次が11月の場合は1月の第2日曜日に行われます。（協会ホームページに日程掲載。）

受験会場

　全国主要都市に47か所，海外は北京，上海，大連，西安，広州，香港，台北，シンガポールの8か所が予定されています（2016年4月現在）。二次試験は，準1級が東京，大阪，仙台，名古屋，福岡と上海，1級が東京で行われます。ただし，準1級の仙台，名古屋，福岡は，受験者数が10名に満たない場合，上海は5名に満たない場合，東京または大阪を指定されることがあります。

受験申込

郵送かインターネットで申込ます。受験料は次のとおりです。

級	郵送による申込	インターネットによる申込
準4級	3,100 円	3,000 円
4 級	3,800 円	3,700 円
3 級	4,800 円	4,700 円
2 級	7,000 円	6,800 円
準1級	7,700 円	7,500 円
1 級	8,700 円	8,500 円

(2016年4月現在)

出題・解答の方式，配点，合格基準点

級	種類	方式	配点	合格基準点
準4級	リスニング	選択式	50 点	60 点
	筆記	選択式・記述式	50 点	
4 級	リスニング	選択式	100 点	60 点
	筆記	選択式・記述式	100 点	60 点
3 級	リスニング	選択式	100 点	65 点
	筆記	選択式・記述式	100 点	65 点
2 級	リスニング	選択式	100 点	70 点
	筆記	選択式・記述式	100 点	70 点
準1級	リスニング	選択式・記述式	100 点	75 点
	筆記	選択式・記述式	100 点	75 点
1 級	リスニング	選択式・記述式	100 点	85 点
	筆記	選択式・記述式	100 点	85 点

・解答は，マークシートによる選択式及び一部記述式を取り入れています。また，録音によるリスニングを課し，特に準1級，1級にはリスニングによる書き取りを課しています。
・記述式の解答は，簡体字の使用を原則としますが，2級以上の級については特に指定された場合を除き，簡体字未習者の繁体字の使用は妨げません。但し，字体の混用は減点の対象となります。
・4級～1級は，リスニング・筆記ともに合格基準点に達していないと合格できません。
・準4級の合格基準点は，リスニング・筆記を合計した点数です。
・準4級は合格基準点に達していてもリスニング試験を受けていないと不合格となります。
・合格基準点は，難易度を考慮して調整されることがあります。

二次試験内容

準1級は，面接委員との簡単な日常会話，口頭での中文日訳と日文中訳，指定されたテーマについての口述の3つの試験を行い，全体を通しての発音・イントネーション及び語彙・文法の運用能力の総合的な判定を行います。10～15分程度。合格基準点は75点／100点

1級は，面接委員が読む中国語長文の日本語訳と，日本語長文の中国語訳の2つの試験を行います。20～30分程度。合格基準点は各85点／100点

一般財団法人 日本中国語検定協会

〒102-8218　東京都千代田区九段北1-6-4日新ビル

Tel：０３－５２１１－５８８１

Fax：０３－５２１１－５８８２

ホームページ：http://www.chuken.gr.jp

E-mail：info@chuken.gr.jp

試験結果データ（2015年度実施分）

L：リスニング　W：筆記

第86回	準4級	4級	3級	2級	準1級	準1級二次	1級一次	1級二次
		L / W	L / W	L / W	L / W	口試	L / W	口試1/口試2
合格基準点	60	60/60	65/65	70/70	75/75	75	—	—
平均点	73.5	68.5/67.2	68.4/65.2	72.1/57.9	67.4/69.8	89.8	—	—
志願者数	1,754	2,562	3,281	1,773	583	150*	—	—
受験者数	1,575	2,204	2,854	1,585	529	138	—	—
合格者数	1,291	1,281	1,255	317	148	129	—	—
合格率	82.0%	58.1%	44.0%	20.0%	28.0%	93.5%	—	—

＊一次試験免除者を含む。

第87回	準4級	4級	3級	2級	準1級一次	準1級二次	1級一次	1級二次
		L / W	L / W	L / W	L / W	口試	L / W	口試1/口試2
合格基準点	60	60(55)/60(55)	65(60)/65	70/70(65)	75/75(70)	75	85/85	85/85
平均点	63.9	53.7/63.3	55.6/59.3	62.9/54.4	65.7/58.8	87.8	67.4/66.6	87.6/87.7
志願者数	4,026	3,882	4,172	2,365	721	111	364	16*
受験者数	3,713	3,354	3,647	2,133	662	99	336	15
合格者数	2,399	1,447	1,017	403	99	95	15	12
合格率	64.6%	43.1%	27.9%	18.9%	15.0%	96.0%	4.5%	80.0%

※ 合格基準点欄（　）内の数字は，難易度を考慮して当該回のみ適用された基準点です。

第88回	準4級	4級	3級	2級	準1級一次	準1級二次	1級一次	1級二次
		L / W	L / W	L / W	L / W	口試	L / W	口試1/口試2
合格基準点	60	60/60	65/65	70/70	75/75	75	—	—
平均点	72.6	62.9/70.4	66.6/61.7	62.6/60.0	64.6/63.3	91.5	—	—
志願者数	1,723	3,042	3,561	1,934	602	104*	—	—
受験者数	1,473	2,516	2,962	1,699	538	97	—	—
合格者数	1,169	1,383	1,072	333	98	96	—	—
合格率	79.4%	55.0%	36.2%	19.6%	18.2%	99.0%	—	—

カバーデザイン：トミタ制作室

CD-ROM 付

中検２級試験問題 2016 ［第86・87・88回］解答と解説

2016年5月26日　初版印刷
2016年6月1日　初版発行

編　者　一般財団法人 日本中国語検定協会
発行者　佐藤康夫
発行所　白　帝　社

〒 171-0014　東京都豊島区池袋 2-65-1
TEL 03-3986-3271　FAX 03-3986-3272
info@hakuteisha.co.jp　http://www.hakuteisha.co.jp/

印刷 倉敷印刷(株)／製本 若林製本所

Printed in Japan　〈検印省略〉　6914　　ISBN978-4-86398-216-1
Ⓒ 2016 一般財団法人 日本中国語検定協会
＊定価はカバーに表示してあります。

■中国語検定2級受験に役立つ白帝社の本■　　＊価格は本体

精選 中国語成語辞典
上野恵司 著　A5変型判　274p.　2000円
現代中国語でよく使われる四字成語3363語を厳選。こなれた日本語と日本語の慣用表現による簡潔な解説。成語解釈の手掛かりとなる成語の構造を明示。筆画索引と、日本語の慣用表現からも引ける「日本語からの索引」付き。

カルタ式 中国語基礎成語260
芳沢ひろ子 著　張恢 画　A5判　224p.　1800円
植物、身体、色彩、数字などのジャンルごとに中国人が思い浮かべる現代の生活シーンを活写した絵とヒントを頼りにカルタをとるように考え、ドリルでトレーニング。中国人の発想を知りながら効率的に記憶できる。

精選 中国語重要文例集［第2版］
上野恵司 編　A5変型判　136p.　CD1枚付　1800円
複文を中心に中国語の発想に沿った応用範囲の広い例文を18項目に分類。注釈ノートと日本語訳を付す。文法事項の整理、中文日訳・日文中訳の練習、聴き取りなど多角的に利用できる。

中国語検定対策2級 リスニング編
郭春貴 著　A5判　208p.　CD2枚付　2500円
出題の形式と傾向を徹底分析し、勉強法と解答のコツをアドバイス。形式に合わせた豊富な例題を一問ずつ詳しく説明しながら、長文の聞き取り方、答えの見つけ方を伝授。練習問題で実力を養い、模擬問題でチェック。

中国語検定対策2級 語彙編
郭春貴 著　A5判　220p.　1800円
出題の形式と傾向を徹底分析し、勉強法と解答のコツをアドバイス。よく出題される成語、慣用語、類義語、量詞をそれぞれ30個厳選し、豊富な例文を用いて詳しく解説。練習問題と模擬問題も用意した。

中国語検定2級 リスニングに挑戦
上野恵司 編　B5判　80p.　CD2枚付　2000円
長文内容の理解力とまとまった内容をもつ会話文を聞き取る力を養成。文章1題と会話1題からなる12回。問題文、設問、選択肢の中国語に見開きで日本語訳を添え、語釈と解説を付す。CDは細かくトラック分け。

中国語検定2級 一ヶ月でできる総仕上げ
洪潔清 著　A5判　320p.　CD1枚付　2400円
出題頻度が高い項目を中心に、3級の重要項目にも目を配りながら、分かりやすい説明と豊富な練習問題を用意。解答には解説を付す。語彙・文法・翻訳・読解・リスニングに分けた16回。巻末に模擬試験を付す。

白帝社　Tel：03-3986-3271　E-mail：info@hakuteisha.co.jp

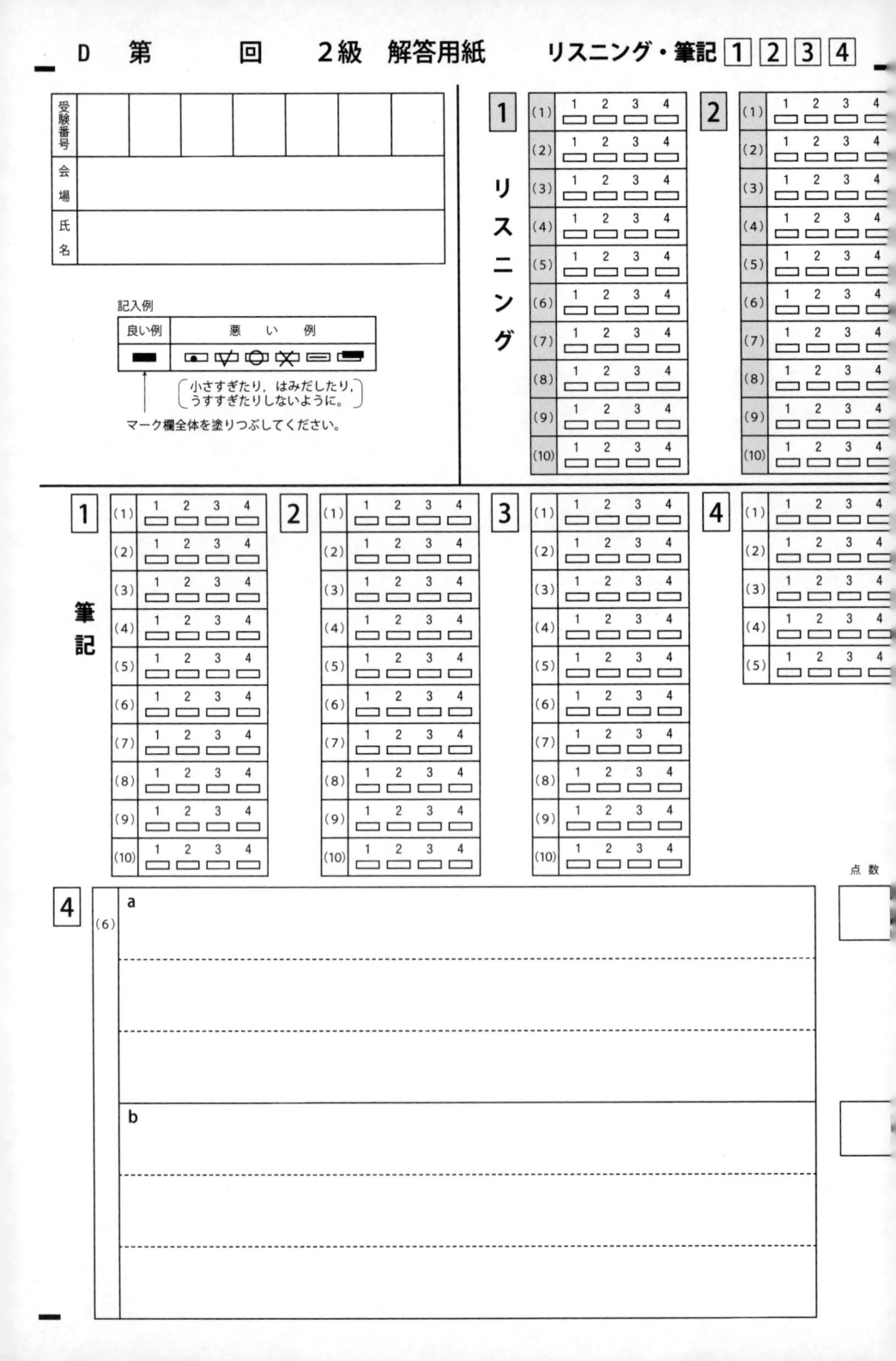

D　第　回　2級　解答用紙　リスニング・筆記 1 2 3 4

受験番号

会場

氏名

記入例

良い例	悪い例

マーク欄全体を塗りつぶしてください。
小さすぎたり、はみだしたり、うすすぎたりしないように。

リスニング

1
(1) 1 2 3 4
(2) 1 2 3 4
(3) 1 2 3 4
(4) 1 2 3 4
(5) 1 2 3 4
(6) 1 2 3 4
(7) 1 2 3 4
(8) 1 2 3 4
(9) 1 2 3 4
(10) 1 2 3 4

2
(1) 1 2 3 4
(2) 1 2 3 4
(3) 1 2 3 4
(4) 1 2 3 4
(5) 1 2 3 4
(6) 1 2 3 4
(7) 1 2 3 4
(8) 1 2 3 4
(9) 1 2 3 4
(10) 1 2 3 4

筆記

1
(1) 1 2 3 4
(2) 1 2 3 4
(3) 1 2 3 4
(4) 1 2 3 4
(5) 1 2 3 4
(6) 1 2 3 4
(7) 1 2 3 4
(8) 1 2 3 4
(9) 1 2 3 4
(10) 1 2 3 4

2
(1) 1 2 3 4
(2) 1 2 3 4
(3) 1 2 3 4
(4) 1 2 3 4
(5) 1 2 3 4
(6) 1 2 3 4
(7) 1 2 3 4
(8) 1 2 3 4
(9) 1 2 3 4
(10) 1 2 3 4

3
(1) 1 2 3 4
(2) 1 2 3 4
(3) 1 2 3 4
(4) 1 2 3 4
(5) 1 2 3 4
(6) 1 2 3 4
(7) 1 2 3 4
(8) 1 2 3 4
(9) 1 2 3 4
(10) 1 2 3 4

4
(1) 1 2 3 4
(2) 1 2 3 4
(3) 1 2 3 4
(4) 1 2 3 4
(5) 1 2 3 4

点数

4
(6)
a

b

E 第　　回　２級　解答用紙　　　　　　　　筆記 5

受験番号							
会場	
氏名	

点数

5

(1)

(2)

(3)

(4)

(5)